录

绝美自然风景

天赐的美景

刘晓丽 ●编著

北方妇女儿童出版社
·长春·

图书在版编目(CIP)数据

　天赐的美景 / 刘晓丽编著. —长春 ： 北方妇女
儿童出版社，2017.1（2022.8重印）
　（绝美自然风景）
　ISBN 978-7-5585-0832-5

　Ⅰ. ①天… Ⅱ. ①刘… Ⅲ. ①风景区－介绍－中
国 Ⅳ. ①K928.7

　中国版本图书馆CIP数据核字(2017)第009939号

天赐的美景
TIANCI DE MEIJING

出 版 人	师晓晖	
责任编辑	吴 桐	
开 本	700mm×1000mm　1/16	
印 张	6	
字 数	85千字	
版 次	2017年1月第1版	
印 次	2022年8月第3次印刷	
印 刷	永清县晔盛亚胶印有限公司	
出 版	北方妇女儿童出版社	
发 行	北方妇女儿童出版社	
地 址	长春市福祉大路5788号	
电 话	总编办：0431-81629600	

定 价 36.00元

习近平总书记说："提高国家文化软实力，要努力展示中华文化独特魅力。在5000多年文明发展进程中，中华民族创造了博大精深的灿烂文化，要使中华民族最基本的文化基因与当代文化相适应、与现代社会相协调，以人们喜闻乐见、具有广泛参与性的方式推广开来，把跨越时空、超越国度、富有永恒魅力、具有当代价值的文化精神弘扬起来，把继承传统优秀文化又弘扬时代精神、立足本国又面向世界的当代中国文化创新成果传播出去。"

为此，党和政府十分重视优秀的先进的文化建设，特别是随着经济的腾飞，提出了中华文化伟大复兴的号召。当然，要实现中华文化伟大复兴，首先要站在传统文化前沿，薪火相传，一脉相承，弘扬和发展5000多年来优秀的、光明的、先进的、科学的、文明的和自豪的文化，融合古今中外一切文化精华，构建具有中国特色的现代民族文化，向世界和未来展示中华民族具有独特魅力的文化风采。

中华文化就是中华民族及其祖先所创造的、为中华民族世世代代所继承发展的、具有鲜明民族特色而内涵博大精深的优良传统文化，历史十分悠久，流传非常广泛，在世界上拥有巨大的影响力，是世界上唯一绵延不绝而从没中断的古老文化，并始终充满了生机与活力。

浩浩历史长河，熊熊文明薪火，中华文化源远流长，滚滚黄河、滔滔长江是最直接的源头，这两大文化浪涛经过千百年冲刷洗礼和不断交流、融合以及沉淀，最终形成了求同存异、兼收并蓄的辉煌灿烂的中华文明。

中华文化曾是东方文化的摇篮，也是推动整个世界始终发展的动力。早在500年前，中华文化催生了欧洲文艺复兴运动和地理大发现。在200年前，中华文化推动了欧洲启蒙运动和现代思想。中国四大发明先后传到西方，对于促进西方工业社会形成和发展曾起到了重要作用。中国文化最具博大性和包容性，所以世界各国都已经掀起中国文化热。

中华文化的力量，已经深深熔铸到我们的生命力、创造力和凝聚力中，是我们民族的基因。中华民族的精神，也已深深根植于绵延数千年的优秀文化传统之中，是我们的精神家园。但是，当我们为中华文化而自豪时，也要正视其在近代衰微的历史。相对于5000年的灿烂文化来说，这仅仅是短暂的低潮，是喷薄前的力量积聚。

中国文化博大精深，是中华各族人民5000多年来创造、传承下来的物质文明和精神文明的总和，其内容包罗万象，浩若星汉，具有很强的文化纵深感，蕴含丰富的宝藏。传承和弘扬优秀民族文化传统，保护民族文化遗产，已经受到社会各界重视。这不但对中华民族复兴大业具有深远意义，而且对人类文化多样性保护也是重要贡献。

特别是我国经过伟大的改革开放，已经开始崛起与复兴。但文化是立国之根，大国崛起最终体现在文化的繁荣发展上。特别是当今我国走大国和平崛起之路的过程，必然也是我国文化实现伟大复兴的过程。随着中国文化的软实力增强，能够有力加快我们融入世界的步伐，推动我们为人类进步做出更大贡献。

为此，在有关部门和专家指导下，我们搜集、整理了大量古今资料和最新研究成果，特别编撰了本套图书。主要包括传统建筑艺术、千秋圣殿奇观、历来古景风采、古老历史遗产、昔日瑰宝工艺、绝美自然风景、丰富民俗文化、美好生活品质、国粹书画魅力、浩瀚经典宝库等，充分显示了中华民族厚重的文化底蕴和强大的民族凝聚力，具有极强的系统性、广博性和规模性。

本套图书全景展现，包罗万象；故事讲述，语言通俗；图文并茂，形象直观；古风古雅，格调温馨，具有很强的可读性、欣赏性和知识性，能够让广大读者全面触摸和感受中国文化的内涵与魅力，增强民族自尊心和文化自豪感，并能很好地继承和弘扬中国文化，创造未来中国特色的先进民族文化，引领中华民族走向伟大复兴，在未来世界的舞台上，在中华复兴的绚丽之梦里，展现出龙飞凤舞的独特魅力。

中华水塔——三江并流

百里画廊——广西漓江

天下绝景——福建白水洋

三江并流

三江并流是指金沙江、澜沧江和怒江这三条发源于我国青藏高原的大江，它们在云南省境内自北向南并行奔流170多千米，穿越在担当力卡山、高黎贡山、怒山和云岭等崇山峻岭之间，形成世界上罕见的"江水并流而不交汇"的奇特自然地理景观。是我国境内面积最大的世界遗产地。

三江并流自然景观包括9个自然保护区和10个风景名胜区。它是世界上罕见的高山地貌及其演化的代表地区，也是世界上生物物种最丰富的地区之一。三江并流地区是世界上蕴藏最丰富的地质地貌博物馆。

奔腾奇特的"三江"地貌

在我国"彩云之南"的云南省西北部，存在着一个令人叹为观止的自然现象：3条大江与山脉互相夹持，平行奔流了400千米，相隔最近的地方直线距离只有66千米，这就是美丽而神奇的三江并流。

■澜沧江百里长湖景观

■ 三江并流风景区

三江并流位于滇西北青藏高原南延的横断山脉纵谷地区，包括怒江州、迪庆藏族自治州以及丽江地区、大理白族自治州的部分地区，西与缅甸接壤，北与四川、西藏毗邻。

4000万年前，印度次大陆板块与欧亚大陆板块大碰撞，引发了横断山脉的急剧挤压、隆升、切割，高山与大江交替展布，形成世界上独有的三江并行奔流170多千米的自然奇观。

三江并流自然景观由怒江、澜沧江、金沙江及其流域内的山脉组成，有怒江、独龙江、澜沧江、金沙江3个风景片区，8个中心景区，60多个风景区，面积3500多平方千米。

景观主要有：奇特的"三江"并流，雄伟的高山雪峰，险要的峡谷险滩，秀丽的林海雪原，幽静的冰蚀湖泊，少见的板块碰撞，广阔的雪山花甸，丰富的

横断山 世界年轻山系之一。我国最长、最宽和最典型的南北向山系，唯一兼有太平洋和印度洋水系的地区。位于青藏高原东南部，通常为四川、云南两省西部和西藏自治区东部南北向山脉的总称。因"横断"东西间交通，故名。

■ 怒江第一湾

珍稀动植物，壮丽的白水台，独特的民族风情，构成了雄、险、秀、奇、幽、奥特色。

它地处东亚、南亚和青藏高原三大地理区域的交汇处，是世界上罕见的高山地貌及其演化的代表地区，也是世界上生物物种最丰富的地区之一。

在三江并流的怒江、澜沧江、金沙江中，怒江位居三江并流的西部，是我国西南地区的大河之一，又称潞江，上游藏语叫"那曲河"，发源于青藏高原的唐古拉山南麓的吉热拍格。

它深入青藏高原内部，由怒江第一湾西北向东南斜贯西藏东部平浅谷地，入云南省折向南流，经怒江傈僳族自治州、保山市和德宏傣族景颇族自治州，流入缅甸后改称萨尔温江，最后注入印度洋安达曼海。

怒江水流湍急，汹涌澎湃，堪称"三江第一怒"。怒江在怒江州内的流程为316千米，平均落差在三江中最大。怒江第一怒，在离州府68千米处的亚碧

唐古拉山 位于我国西藏。"唐古拉"为藏语，意为"高原上的山"。是青藏高原中部的一条近东西走向的山脉。山脉平均高度在6000米左右，最高峰各拉丹冬海拔6600米，唐古拉山6100米。山峰上发育有小型冰川，为长江、澜沧江、怒江等大河的源地。

罗，一年四季水势汹涌，浪高10余米，狂奔2000米。

怒江在我国最早的地理著作《禹贡》中被称为黑水，因其流经怒夷界，即今怒江州而得名。古人有诗叹道：

怒江之水向南流，流到朱波怒未休；
多少膏腴人不识，天藏美中在退陬。

到了冬春季节，怒江流水却波澜不惊、平稳温柔、清澈见底，犹如一条碧玉带缓缓流淌舒展开来，在不经意间，磨砺出许多五光十色的鹅卵石，荡漾出一块块缠绵的沙滩和一些零星美妙的小岛。

怒江大峡谷位于云南省怒江傈僳族自治州境内，全长316千米，两岸山岭海拔均在3000米以上，因它落差大，水急滩高，有"一滩接一滩，一滩高十丈"

《禹贡》 是《尚书》中的一篇。是战国时魏国的人士托名大禹的著作，因而就以《禹贡》名篇。这是我国古代文献中最古老和最有系统性地理观念的著作。《禹贡》全篇只有1200字左右，由"九州""导山""导水"和"五服"4个部分组成。全书以地理为径，分当时天下为九州。

■ 怒江大峡谷

位于西藏自治区雅鲁藏布江下游，是地球上最深的峡谷。大峡谷是喜马拉雅山运动和江水的冲刷形成的。峡谷内核心区河段的峡谷河床上有罕见的4处大瀑布群，其中一些主体瀑布落差都在30米至50米。峡谷具有从高山冰雪带到低河谷热带季雨林等9个垂直自然带。

■ 青海南部澜沧江源

的说法，十分壮观。两岸多危崖，又有"水无不怒古，山有欲飞峰"之称，每年平均以1.6倍黄河的水量像骏马般地奔腾向南。

怒江大峡谷以两山夹一江之势而形成，西为高黎贡山，东是怒山山脉。山高水长的景观，再加上丰美肥沃的土地，以及独特的民族风情，使其充满了美丽神秘的色彩。

怒江就这样昼夜不停地撞击出一条山高、谷深、奇峰秀岭的巨大峡谷。据掌握的资料，这是仅次于雅鲁藏布江大峡谷及美国西南部长460多千米、深达1.8千米的科罗拉多大峡谷的世界第三大峡谷。

在怒江州境内，海拔4000米以上高峰有20余座，群山南北逶迤、绵亘起伏，雪峰环抱，雄奇壮观。湖泊遍布，比较著名的有泸水县高黎贡山的听命湖；福贡县碧罗雪山的干地依比湖、恩热依比湖、瓦着低湖等。

这些高山湖清澈幽静，是由长年冰蚀而形成的。湖两岸原始森林密布，珍禽异兽繁多，古木参天，松萝满树，幽中显古，蔚为壮观。

澜沧江位居三江并流的中间，从滇藏高原沿云岭山脉绵延南去。是湄公河上游

■ 澜沧江第一湾

在我国境内河段的名称，是我国西南地区的大河之一，是世界第九长河，亚洲第四长河。

澜沧江经缅甸、老挝、泰国、柬埔寨、越南，在越南南部胡志明市南面入太平洋的南海，总流域面积81万平方千米，是亚洲流经国家最多的河，被称为"东方多瑙河"。

澜沧江在我国境内长2179千米，流经青海、西藏、云南3省，其中在云南境内1247千米，流域面积16.5万平方千米，占澜沧江湄公河流域面积的22.5%，支流众多，较大支流有沘江、漾濞江、威远江、补远江等。

澜沧江上中游河道穿行在横断山脉间，河流深切，形成两岸高山对峙，坡陡险峻"V"形峡谷。下游沿河多河谷平坝，著名的景洪坝、橄榄坝各长8千米。

云岭山脉 位于怒江州东部的兰坪县境内，支脉有雪帮山、羊鼻子山等。云岭山脉的主峰老君山，海拔4247米，苍莽雄伟，耸峙于丽江、剑川、兰坪县之间。它是我国西南部的重要山脉，呈南北走向，北高南低。是云南分布面积最大的山脉，内部名山众多，景色宜人。

纳西族 是我国少数民族之一，主要聚于云南省丽江市古城区、玉龙纳西族自治县、维西、香格里拉、宁蒗县、永胜县及四川省盐源县、木里县和西藏自治区芒康县盐井镇等。纳西族有纳西、纳、纳日、纳罕、纳若等多种自称。

境内径流资源丰富，多年平均径流量740亿立方米。河道中因险滩急流较多，只有威远江口至橄榄坝段可行木船和机动船。

金沙江位于三江并流的东部，发源于青海境内唐古拉山脉的格拉丹冬雪山北麓，是西藏和四川的界河。

金沙江河谷地貌特征可以德格县白曲河口和马塘县玛曲河口附近分为上、中、下三段。其中上段为峡宽相间河谷段，中段为深切峡谷段，下段为峡谷间窄谷段。

从云南省丽江纳西族自治县石鼓镇至四川省新市镇为金沙江中段，河长约1220千米，江水奔流在四川、云南两省之间。金沙江过石鼓后，流向由原来的东南向，急转成东北向，形成奇特的"U"形大弯道，成为长江流向的一个急剧转折，被称为"万里长江第一湾"。在石鼓镇以下，江面渐窄，至左岸支流硕多岗河口桥头镇，往东北不远即进入举世罕见的虎

■金沙江第一湾

跳峡。

虎跳峡上峡口与下峡口相距仅16千米，落差竟达220米。是金沙江落差最集中的河段。峡中水面宽处60米，窄处仅30米并有巨石兀立江中，相传曾有猛虎在此跃江而过，故名虎跳石，虎跳峡也由此得名。

虎跳峡内急流飞泻、惊涛轰鸣，最大流速达每秒10米。峡谷右岸有海拔约5600米的玉龙雪山，左岸为海拔约5400米的哈巴雪山，两山终年积雪不化。峡内江面海拔不足1800米，峰谷间高差达3000米。峡中谷坡陡峭，悬崖壁立，呈幼年期"V"形峡谷地貌。

三江并流点

阅读链接

关于金沙江内长江第一湾来历，还有一个这样的传说：

据说，怒江、澜沧江和金沙江本来是三姐妹，因为三人不愿西嫁，便偷偷从家里跑出来投奔东海而去。

父母得知三位姑娘逃跑后，非常生气，派玉龙和哈巴两兄弟挡在她们去东海的路上。怒江和澜沧江在沙松碧村望见了两位哥哥，不敢前走，于是不去东海了。她们选择了南去的路，却劝服不了金沙姑娘，只好生气地离开。

虽然两位姐姐远去了，而金沙姑娘去东海的决心依然不变，毅然转身直冲哥哥的拦阻之地，最终冲破了阻拦，汇入了东海。她转身的地方，就形成了著名的"长江第一湾"景观。

雄伟险峻的高黎贡山区

　　三江并流景区内有怒江、独龙江、澜沧江、金沙江等3个风景片区，8个中心景区，60多个风景区，这8个中心景区分别是高黎贡山区、梅里雪山区、哈巴雪山区、千湖山区、红山区、云岭片区、老君

高黎贡山景观

■ 满布植被的高黎贡山

山区和老窝山区等。

其中，高黎贡山区是三江并流区域内植物物种多样性的集中展示区。

高黎贡山国家级自然保护区位于怒江西岸，这里山势陡峭，峰谷南北相间排列，有着极为典型的高山峡谷自然地理垂直带景观和丰富多样的动植物资源。

高黎贡山区是展现怒江流域典型地貌特征的博物馆，包括了"怒江第一湾"及以周边地区为代表的怒江深切河曲地质景观，其中的石月亮是怒江流域高山喀斯特溶洞景观的典型代表。

高黎贡山源于西藏念青唐古拉山脉，自北向南横亘在云南西部中缅边境地区，它的东面是怒江大峡谷，西面是伊洛瓦底江。

高黎贡山，旧名昆仑岗。高黎贡山气势雄伟，高峻迷人。高黎贡山地理位置独特，是祖国西南边陲的

垂直带景观 是地理专用名词。就是生长在不同高度的植被因为温度湿度光照等其他原因所形成的整体景观。随着山地高度的增加，气温随之降低，从而使自然环境及其成分发生垂直变化现象，称为垂直带性或高度带性。形成垂直带的直接原因是温度随高度提升而迅速降低。

■ 高黎贡山风光

天赐的美景

火山 是一个由固体碎屑、熔岩流或穹状喷出物围绕着其喷出口堆积而成的隆起的丘或山。地壳之下100米至150千米处，有一个"液态区"，区内存在高温、高压下含气体挥发性的熔融状硅酸盐物质，即岩浆。它一旦从地壳薄弱的地段冲出地表，就形成了火山。

天然屏障。山上既有神秘莫测的千年原始森林，软绵绵的高山草甸，水波飞流的多叠瀑布，还有风雨沧桑、闻名遐迩的南方丝绸古道和炽热沸腾的高山温泉。

高黎贡山海拔3000米，山势陡峭险峻，山顶白雪皑皑，山腰白云缭绕，山脚野花芬芳，素有"一山分四季，十里不同天"之说，是进行科学考察，旅游观光、山地探险的理想胜地。

与高黎贡山隔江相望的是怒山山脉，这座延绵数千千米的大山，位于怒江与澜沧江之间。它虽不如高黎贡山那样雄奇险峻，但海拔都在3000米以上，而且山峦起伏，小路崎岖，是形成怒江大峡谷不可缺少的部分。

在高黎贡山腹地，分布着大大小小90多座形似铁锅的新生代火山。"好个腾越州，十山九无头"，当地的民谣形象地描述了火山群的壮丽奇观。

高黎贡山的众多火山之间，热浪蒸腾，数百眼热泉、温泉散落当中，构成了我国三大著名的地热区域之一的"腾冲热海"，高达98℃的硫黄塘"大滚锅"热浪冲天。火山地热并存，是世界上绝无仅有的奇观。

高黎贡山保护区地处怒江大峡谷，属青藏高原南部，横断山西部断块带，印度板块和欧亚板块相碰撞及板块俯冲的缝合线地带，是著名深大断裂纵谷区。

山高坡陡切割深，垂直高差达4000米以上，形成极为壮观的垂直自然景观和立体气候。鬼斧神工塑造了无数雄、奇、险、秀景观，像银河飞溅、奇峰怪石、石门关隘、峡谷壁影等一幅幅壮景，而且奇峰怪石随处可见。

高黎贡山地热资源十分丰富，区域分布有许多温泉，如百花岭阴阳谷温泉、金场河温泉、摆洛塘变色温泉。仅腾冲县境内就有80多处温泉。

阴阳 源自古代人的自然观。古人观察到自然界中各种对立又相联的大自然现象，如天地、日月、昼夜、寒暑、男女、上下等，以哲学的思想方式，归纳出"阴阳"的概念。早至春秋时代的《易传》以及老子的《道德经》都有提到阴阳。阴阳理论已经渗透到我国传统文化的方方面面，包括宗教、哲学、历法、中医、书法、建筑、堪舆、占卜等。

■ 巍峨的高黎贡山

■ 高黎贡山风光

丝绸之路 是指从洛阳出发经长安、甘肃、新疆，到中亚、西亚、欧洲，并联结地中海各国的陆上通道。最初丝绸之路是西汉时张骞出使西域开辟的以长安为起点，最远到达西亚诸国的陆上贸易通道，至东汉时，西端延伸到欧洲罗马。因为由这条路西运的货物中以丝绸制品的影响最大，故得此名。

在高黎贡山内，保存有公元前4世纪著名的南方丝绸之路，比北方丝绸之路要早200多年的历史。全部用石块砌成路面。沿路风光秀丽，历史古迹众多。

高黎贡山是怒江和伊洛瓦底江的分水岭，区域内有80多条河流分别流入这两条江。这些河流由于落差常超过2000米，形成了许多美丽的瀑布、叠水，如百花岭阴阳谷三级瀑、美人瀑、高脚岩瀑布群、大坝河口瀑布。

三叠水位于芒宽行政村西，山岩属于峭壁型天然的岩石阶梯。河流由西向东流下，形成了天然的流水重复呈现，呈三叠状，故名"三叠水"。

在第三叠瀑布前，只见崖壁如刀削斧凿，在巨崖壁中，灌木丛生，藤蔓差错，一条细小的瀑布从突兀的崖石顺势而下约10余米，忽地躲入一块侧壁，忽隐忽现，水雾腾袅，"哗哗"作响。

从第三叠瀑布南侧顺势而上，就到了第二叠瀑布。一堵高约30多米的巨崖，圆滑如卵，苔藓偶尔点缀其上，瀑布顺石而下。

瀑布尽头，一座气势轩昂的庙宇矗立，屋檐、门窗雕龙刻凤，五彩斑斓。庙宇门前，山墙的柱子疙瘩横生，给人一种四平八稳，历尽千年而不衰之感。一泓清水从庙宇壁前绕过，跌入第三叠瀑布。

从第二叠瀑布前的石阶抬级而上，就到了第一叠瀑布前。一堵状如侧游时的鱼脊矗立，高约30多米，石岩如鱼抢水。

"鱼头"处，一条状如利刃尖的瀑布流下约五六尺高平滑的石崖似忽然被人用刀砍去数口，瀑布就在凸凹不平处撞击，原本一条的瀑布忽然开阔起来，形成两边高、中间平的纺锤形凹槽，瀑布便撒开，粼粼如鱼纹，瀑布水清如雪。

在"鱼尾"处，崖石陡地合拢，原来的凹槽形成一条沟，不紧不慢的水陡地在此处汇聚，水鱼贯而下，流入一轮月牙似的水池，荡漾不止，池中横卧一尊状如河马的石头、水从一座庙宇旁流下冲入第二叠。

第一叠瀑布，能让人们感受到天然的古朴，人为的巧夺天工。

白花岭大瀑布从两座对峙的山谷间一涌而出，从北面朝阳的山岭间半山腰一泻而出，迅速遁入，一堵

苔藓 属于最低等的高等植物。植物无花，无种子，以孢子繁殖。在全世界约有2.3万种苔藓植物，我国约有2800多种。苔藓植物门包括苔纲、藓纲和角苔纲。苔纲包含至少330属，约8000种苔类植物；藓纲包含近700属，约1.5万种藓类植物；角苔纲有4属，近100种角苔类植物。

■ 云雾中的高黎贡山

上窄下宽的"井"形岩石，随后便一跃而下约四五米，忽地钻入丛林中，忽隐忽现，而响声却十分震耳。

至瀑布前约30米外，直流而下的瀑布水雾腾袅。原远观四五米长的瀑布，此时顿显宽大了许多，长约30余米，直径约5米，如数十条或粗或细、或挺或柔的白纱组成。在水雾迷蒙间，仿佛在不停地飘。

而瀑布的响声却富有变化，显得单调而沉闷。瀑布下，横石参差，七形八状。

从白花岭澡塘河沿山势而上，几经拐弯，就到了美人瀑。美人瀑高约五六丈，上窄下宽，岩石成黛色，无论远观还是近看，瀑布宛如一位亭亭玉立的美女。

美女在脱衣沐浴，黛色的"皮肤"柔润。长长的瀑布犹如美女的披肩长发，缕缕"青丝"垂于脚跟，泛着晶莹的光芒。瀑布两侧的崖石和树木犹如护花使者，在静静地守护着"美人"沐浴，浪漫至极。

高黎贡山是横断山脉中的一颗明珠，森林覆盖率达85％，高山峡谷复杂的地形和悬殊的生态环境，为各种动植物提供了有利的条件。

高黎贡山巨大的山体，阻挡了西北寒流的侵袭，又留住了印度洋的暖湿气流，使地处低纬度高海拔的保护区，形成了典型的亚热带气候。

在东西坡海拔1600~2800米地区，是高黎贡山区域的主体，它连接东喜马拉雅区，组成了我国最引人瞩目的原始阔叶林区。

这里的珍贵植物，主要有国家一级保护植物古老的桫椤和高大的秃杉。世界上最高大的杜鹃，仅产于高黎贡山的大树杜鹃，以及香水月季、天麻、云南红豆杉等。

桫椤 又名黑桫椤、树蕨、大花蕨、笔筒树等，是现存唯一的木本蕨类植物，极其珍贵，堪称国宝，被众多国家列为一级保护的濒危植物。桫椤树干外皮坚硬，花纹美观，可做笔筒、花瓶等器物或其他工艺品。桫椤还是一种很好的庭园观赏树木。

■ 高黎贡山山脚下的民居

夕阳下的高黎贡山

大树杜鹃王，位于高黎贡山区域的山林里，基部最大胸径3米多，分为5杈，树高约15米，树龄500年以上，是目前发现的树龄最老、直径最粗的大树杜鹃，是高黎贡山的植物明星，堪称国宝。

高黎贡山区域内生活着各种野生动物，属国家保护的野生动物就有30种。高黎贡山自然保护区的动物，同时拥有热带、亚热带动物和耐寒的高山动物。区域内最重要的保护对象白眉长臂猿和羚牛，这两种动物极其珍贵。

阅读链接

怒江西岸的高黎贡山山脉中段，有一座高耸入云的山峰，在海拔约3360多米的地方，有一个大理岩溶蚀而成的穿洞，洞深约百米，洞口宽约四五十米，高30米左右，行人在几百千米以外眺望对面山顶时，会通过石洞看到山那边明亮的天空，恰似一轮明月，高悬天空，当地人称它为亚哈巴，意思是石月亮。

石月亮有个神奇的传说：在远古的时候发大水，管天的人见村里没有人做船，便派女儿下凡帮人们做了一艘大船。

果然有一天，涨水了，水涨船高，女儿把怀里的明镜丢入水中，水退了。管天人的儿子趁机射了3箭，把石壁射穿了，因此，在高黎贡山石壁峰上留下了一个山洞。

傈僳族人都说他们的祖先在石月亮底下生活时，受到过石月亮的护卫关怀。

三江内最美的两大雪山

　　在三江并流的8个中心景区中，梅里雪山区和哈巴雪山区是三江并流中最美的雪山。

　　梅里雪山处于世界闻名的金沙江、澜沧江、怒江三江并流地区，北连西藏阿冬格尼山，南与碧罗雪山相接。梅里雪山区既有澜沧江流

■梅里大峡谷

域的典型地貌特征、丰富地质遗迹，更是三江并流的旗舰物种滇金丝猴的原始栖息地。

梅里雪山又称太子雪山，位于云南省德钦县东北约10千米的横断山脉中段怒江与澜沧江之间。平均海拔在6000米以上的山峰有13座，称为"太子十三峰"。主峰卡瓦格博峰是云南的第一高峰。

由于太子雪山的地势北高南低，河谷向南敞开，气流可以溯谷而上，受季风的影响大，干湿季节分明，而且山体高峻，又形成迥然不同的垂直气候带。

4000米雪线以上的白雪群峰峭拔，云蒸霞蔚；山谷中冰川延伸数千米，蔚为壮观。较大的冰川有纽恰、斯恰、明永恰。

而雪线以下，冰川两侧的山坡上覆盖着茂密的高山灌木和针叶林，郁郁葱葱，与白雪相映出鲜明的色彩。林间分布有肥沃的天然草场，竹鸡、獐子、小熊

旗舰物种 代表某个物种对一般大众具有特别号召力和吸引力，可促进对大众对动物保护的关注。这类物种的存亡可能对保持生态过程或食物链的完整性和连续性无严重的影响，但其外貌或其他特征赢得了人们的喜爱和关注，如大熊猫、鲸类、金丝猴等，这类动物的保护易得到更多的资金从而保护了大片生境。

■ 梅里雪山神女峰

猫、马鹿和熊等动物活跃其间。

梅里雪山以其巍峨壮丽、神秘莫测而闻名于世。早在20世纪30年代，美国学者就称赞梅里雪山的卡瓦格博峰是"世界最美之山"。

梅里雪山主峰卡瓦格博峰海拔6700米，为云南范围内的最高峰，由于独特的地形和气候因素，至今仍无人成功登顶。卡瓦格博是云南第一高峰，为藏传佛教宁玛派分支伽居巴的保护神。

峰型有如一座雄壮高耸的金字塔，时隐时现的云海，更为雪山披上了一层神秘的面纱。

卡瓦格博峰下，冰斗、冰川连绵，犹如玉龙伸延，冰雪耀眼夺目，是世界稀有的海洋性现代冰川。

梅里雪山是云南最壮观的雪山山群，数百千米绵延的雪岭雪峰，占去德钦县34%的面积。

迪庆藏族人民生活在梅里雪山脚下，留下了世世

■ 梅里雪山日照金山景观

竹鸡 也称"泥滑滑""竹鹧鸪"或"扁罐罐"。属鸡形目，雉科。该鸟羽色艳丽。为国内特有的观赏鸟类，在南方为常见种类。雄鸟生性好斗，常被人们驯化为斗鸟，以供观赏。它大多生活在竹林中。形体比鹧鸪小，毛呈褐色而有斑点，竹鸡喜欢吃白蚁。

■ 梅里雪山脚下的村庄

雨崩瀑布 雨崩，是梅里雪山上海拔最高的一个村寨。雨崩神瀑景色随季节变化而变化。春夏冰雪消融，瀑布水流增大，落入地面，溅沫飞扬，雨季瀑布较为壮观。据说雨崩瀑布是卡瓦格博尊神从上天取回的圣水，能占卜人的命运，藏传佛教信徒朝拜梅里雪山，必定沐浴雨崩圣瀑。

代代的生存痕迹，也将深厚的文化意蕴赋予了梅里雪山。梅里雪山不仅有"太子十三峰"，还有雪山群所特有的各种雪域奇观。

卡瓦格博峰的南侧，还有从千米悬崖倾泻而下的雨崩瀑布，在夏季尤为神奇壮观。因其为雪水，从雪峰中倾泻，故而色纯气清；阳光照射，水蒸腾若云雾，水雾又将阳光映衬为彩虹。

雨崩瀑布的水，在朝山者心中也是神圣的，他们潜心受其淋洒，求得吉祥。

雪山的高山湖泊、茂密森林、奇花异木和各种野生动物，也是雪域特有的自然之宝。

高山湖泊清澄明静，在各个雪峰之间的山涧凹地、林海中星罗棋布，而且神秘莫测，若有人高呼，就有"呼风唤雨"的效应，故而路过的人几乎都敛声静气，不愿触怒神灵。完好、丰富的森林，则是藏民们以佛心护持而未遭破坏的佛境。

梅里雪山上的植物属于青藏高原高寒植被类型。在有限的区域内，呈现出多个由热带向北寒带过渡的植物分布带谱。

海拔2000~4000米左右，主要是由各种云杉林构成的森林。森林的旁边，有着延绵的高原草甸。夏季的草甸上，无数叫不出名的野花和满山的杜鹃、格桑花争奇斗艳，竞相怒放，犹如一块被打翻了的调色板，在由森林、草原构成的巨大绿色地毯上，留下大片的姹紫嫣红。

独特的低纬度冰川雪山、错综复杂的高原地形、四季不分而干湿明显的高原季风气候，使梅里雪山成为野生动物的天堂。

这里有国家一级保护动物滇金丝猴、金钱豹、云豹和羚牛等。

云杉 属于针叶树的一类，通常有线条分明的年轮，与季节性山地气候保持一致。云杉为我国特有树种，以华北山地分布为广，东北的小兴安岭及南方的梅里雪山等地也有分布。株高可达30米，树冠广圆锥形。

■ 梅里雪山神瀑

■ 梅里雪山美景

黑麝 属于麝科麝属。为麝属中体色最深暗的一个种，无论成体或幼体，其头部、颈部、耳和四肢均为黑色或黑褐色。成体喉部、颈侧和体背无任何条纹或异色斑点。黑麝是我国云南西北部为核心分布的狭布种，系东喜马拉雅山区的特有种之一。

二级保护动物有黑熊、小熊猫、猞猁、黑麝、大灵猫和小灵猫等。还有珍稀的白尾稍虹雉和雉鹑，以及凤头鹰、红隼、血雉等113种可爱的鸟。

哈巴雪山自然保护区，位于云南西北部迪庆藏族自治州中甸县境内。东南部以金沙江虎跳峡为界，与丽江玉龙雪山隔江对峙，西部以哈巴洛河为界，南部以冲江河为界，北部以恩怒梁子、哈巴小箐为界。南北长约25千米，东西宽约22千米。

哈巴雪山区内，拥有我国纬度最南的现代海洋性冰川和金沙江流域典型完整的高山垂直带自然景观。

哈巴雪山自然保护区是以保护高山森林垂直分布的自然景观，以及以保护滇金丝猴，野驴、狸、猴为目的而设立的寒温带针叶林类型的自然保护区。

哈巴雪山，是第四纪阿尔卑斯—喜马拉雅构造运动而隆起的。整个保护区4000米以上是悬崖陡峭的雪峰，乱石嶙峋的流石滩和冰川。

海拔4000米以下地势较平缓，地貌呈阶梯状分布，保护区内气候呈明显的立体分布，海拔从低至高依次分布着亚热带、温带、寒温带、寒带气候带，可称整个滇西北气候的缩影。

哈巴雪山山顶发育的现代冰川为悬冰川，是我国纬度最南的海洋性温冰川，至今还保留有许多古冰川遗迹，如角峰、刃脊、"U"形谷和羊背石。最典型的古冰水形成的众多的冰碛湖，如黑海、圆海、黄海、双海等，湖水因湖底石色而异，水温极低，无水藻和鱼类生存。

哈巴雪山主峰终年冰封雪冻，显得挺拔孤傲，4座小峰环立周围，远远望去，恰似一顶闪着银光的皇冠宝鼎。随着时令、阴晴的变化交替，雪峰变幻莫测，时而云遮雾罩，宝鼎时隐时现；时而云雾缥缈，丝丝缕缕荡漾在雪峰间，真有"白云无心若有意，时与白雪相吐吞"之妙。

"哈巴"为纳西语，意思是金子之花朵。哈巴雪

羊背石 也叫"羊额石"。是由冰蚀作用形成的石质小丘，特别在大陆冰川作用区，石质小丘往往与石质洼地、湖盆相伴分布，成群地匍匐于地表，犹如羊群伏在地面一样，故称"羊背石"。迎冰坡一般较平缓和光滑，背冰坡较陡峻和粗糙。多数羊背石分布的地区，地面呈波状起伏。

中华水塔

三江并流

■ 哈巴雪山主峰

山和玉龙雪山，在民间传说中被看作是弟兄俩，金沙江从两座高大挺拔的雪山中间流过，形成了虎跳峡。

哈巴雪山保护区内分布着众多的高山冰湖群，大部分海拔都在3500米以上。其中，以黑海、圆海、双海、黄海风景最佳，体现了大理冰期时的古冰斗积水而形成的冰川遗迹，是三江并流提名地内唯一的"大理冰期"冰川遗迹分布区。

在哈巴雪山自然保护区内，自然景观除雪山、湖泊、杜鹃外，还有许多悬泉飞瀑，或清漪奇秀、丝丝缕缕，或气势汹涌、声喧如雷。

其中尤为壮美的尖山瀑布，高40米，水流充沛，气势恢宏。水从崖顶跌落，化为蒙蒙细雨，有时在阳光的折射下，水雾幻化成七色彩虹，景致十分奇妙。

哈巴雪山瀑布的另一奇景在主峰西北侧，当地人称为"大吊水"。该瀑布高近200米，其源头在雪线之上，属季节性瀑布。

每年4~9月，冰雪融化，雪水沿陡峭的断崖奔泻而下，形成娟秀奇丽的哈巴大吊水瀑布。皑皑雪峰，云雾缥缈，飞流破云而出，如天河入尘，有"飞流直下三千尺"之气势。

阅读链接

哈巴雪山亿万年来静静地伫立着，时间似乎在这里凝滞，所有世间的沧桑变幻在她眼中不过是弹指一挥间。那些千奇百态的角峰、刃脊、"U"形谷和羊背石，据说就是古冰川在她身上留下的遗迹，清晰得如同刚刚发生。

海拔约5400米的哈巴雪山高高地隐在云雾中，山麓下是深深的哈巴大峡谷。一高一下，鬼斧神工，若不是上天的奇迹怎会有这等人间胜景？

三江并流是大自然留给人类最后的遗产，也是人间最后一块圣洁之地，矗立其中的哈巴雪山则是圣地的最高峰。在这里，哈巴已不再仅仅是一座雪山，她更是人间最接近天堂的地方。

三江并流内的三大区域

在三江并流内，除了高黎贡山区与梅里雪山区和哈巴雪山区两个雪山风景区，以及老窝山片区和老君山片区之外，还有另外3个风景区，它们分别是千湖山区、红山区和云岭片区。

千湖山区位于迪庆藏族自治州香格里拉县小中甸乡，包括小中甸

■ 辽阔的千湖山

乡和上江乡的局部地区，是金沙江流域原始植被、高原湖泊的集中展示区之一。

千湖山藏语称"拉姆冬措"，意为神女千湖或仙女千湖。湖区分布在海拔3900~4000米的地方，以三碧海、大黑海为中心，方圆150平方千米。

这些湖千姿百态，有的圆若明镜，有的长似游鱼；有的开阔平坦，有的幽深宁静；有的半环于山洼深处，有的掩映于杜鹃丛中，有的似珠玉成串，有的孤悬于草甸中间；有的怪石露出如鳄鱼探头。

湖周围被原始森林所覆盖，多为高大笔直的冷杉、云杉。湖畔长满了杜鹃林，多是黄杜鹃、红杜鹃和白杜鹃，花冠硕大，色泽鲜艳。

千湖山区遍布高山冰蚀湖。据不完全统计，大小不一的高原湖泊有100多个。其中，以碧古天池和三碧海为代表，具有独特的高原森林湖泊景观价值。

红山区包含金沙江流域典型的高原夷平面和高山喀斯特等地貌特征完整的古冰川遗迹，以及丰富的植物生态系统、高原湖泊等多种景观类型，是三江并流世界遗产提名地景观资源价值的典型展示区。

其中，以尼汝南宝草场、小雪山丫口高原地质景观最具典型意义。尼汝南宝草场集中了高原冰蚀湖属都湖，高山草甸地、硬叶常绿阔叶林生态系统，古冰川遗迹。高原泉华瀑布等类型多、范围大、分布集中的景观资源，是具有极高保护价值和开发潜力的原始景观资源研究展示区域。

同时，南宝河古冰川地貌遗迹是云南范围内发育最完整，展示最集中的第三期冰川地质遗迹。

红山区的尼汝位于三江并流腹地红山景区，这里湖泊星罗棋布，乱石嶙峋，急涧奔流。珍珠般镶嵌的彝家土掌房分布在尼汝河两岸，是三江并流地区世界生物多样性最丰富的地区之一。

尼汝河流域水资源十分丰富，尼汝河被尼汝人誉为"母亲河"。尼汝人祖祖辈辈生活在尼汝河流域，生息繁衍，百业俱兴。

尼汝河是内金沙江流经迪庆境内的主要一级支流之一，发源于海拔约4200米的香格里拉松匡嘎雪山西坡与霍张喀垭口南西侧之间。从河源自北向南，流

常绿阔叶林 是亚热带湿润地区由常绿阔叶树种组成的地带性森林类型。在日本称照叶树林，欧美称月桂树林，我国称常绿栎类林或常绿樟栲林。这类森林的建群树种都具樟科月桂树叶片的特征，常绿、革质、稍坚硬，叶表面光泽无毛，叶片排列方向与太阳光线垂直。

■ 尼汝南宝草场

经尼汝全境到洛吉塔巴迪，全长143千米，流域面积1132平方千米。

尼汝山高谷深，雪山皑皑，草木茂密，物种丰富，湖泊星罗棋布，溪水纵横奔流，鸟语花香，百兽汇聚，自然风光独特，生态环境保护完好。

人与自然和谐相处，吸引着众多的专家学者前来实地考察研究。许多人被尼汝独特的自然风光而深深地吸引，流连忘返。

三江并流中的云岭片区位于怒江兰坪县境内澜沧江与其支流通甸河之间，主要保护以滇金丝猴为代表的野生动物及其栖息环境，是云南省级自然保护区。

云岭属横断山脉，群峰连绵，白雪皑皑，远眺终年积雪的主峰，犹如一匹奔驰的白马，因而得名"白马雪山"。

为了保护横断山脉高山峡谷典型的山地垂直带自然景观和保持金沙江上游的水土，1983年在云南省德

土掌房 又称土库房，为彝族先民的传统民居，距今已有500多年的历史，层层叠落，相互连通，远远看去甚是壮观。后期彝汉混居，融合了部分汉族民居的特点，逐步形成具有鲜明地方特色的民居建筑，堪称民居建筑文化与建造技术发展史上的"活化石"。

■ 尼汝的河流

钦县境内白马雪山和人支雪山的金沙江坡面，划出19万公顷，建立自然保护区。

整个保护区海拔超过5000米的主峰有20座，最高峰白马雪山达约5400米。

保护区气候随着海拔的升高而变化，形成河谷干热和山地严寒的特点，自然景观垂直带谱十分明显。在海拔2300米以下的金沙江干热河谷，为疏林灌丛草坡带，生境干旱，植被稀疏。

海拔3000~3200米的云雾山带上，分布着针阔叶混交林，树种组成丰富。

海拔3200~4000米，地势高峻而冷凉，分布着亚高山时暗针叶林带，主要由长苞冷杉、苍山冷杉等多种冷杉组成，林相整齐，为滇金丝猴常年栖息之地，是保护区森林资源的主要部分和精华所在。

海拔4000米以上，为高山灌丛草甸带、流石滩稀疏植被带。海拔5000米以上，为极高山冰雪，每一个都各具特色。

由于云岭保有大面积的原始森林和较完整的自然生态环境，为野生动物提供了很少人为干扰的优良栖息环境，因而对进行自然生态及森林、动物、植物、地质、水文、土壤等多学科研究，具有重要的科学价值。

云岭区白马雪山位于云岭山脉中部，属于国家级

■ 白马雪山石碑

滇金丝猴 虽名为"金丝猴"，实际并无金黄色的毛。身体为灰黑色，在背面并具有灰白色的稀疏长毛。颈侧、腹面、臀部及四肢内侧均为白色，是我国特有的世界珍奇动物。它们具有一张最像人的脸，面庞白里透红，再配上它那令当代妇女追求的美丽红唇，堪称世间最美的动物之一。

自然保护区，被称为"自然博物馆"。它由北向南，横亘在德钦县境东部，为金沙江与澜沧江的分水岭。

白马雪山地势北高南低，山高坡陡，河谷深邃，处在青藏高原向云贵高原的过渡地带。这里正是横断山脉的腹地、三江并流世界自然遗产的核心区。

白马雪山自然保护区在地质构造上，处于欧亚板块与印度板块之间的碰撞地带和缝合线附近。地质构造复杂，近代新构造运动十分活跃。

由于两大板块的长期碰撞与挤压作用，不断出现地壳抬升、褶皱、断裂活动，并伴有岩浆的侵入、喷出和产出区域变质、热力变质等现象。在漫长的地质历史演化过程中，形成了山地地貌、河谷地貌、冰川冻土带地貌类型。

由于独特的地理区位和季风气候的影响，造就了白马雪山极高度的生物多样性。白马雪山国家级自然保护区的植被呈明显垂直分布，形成了壮观的垂直带谱，有7个植被型、11个植被亚型和37个群系。高山亚高山的特殊地理环境，孕育了丰富的森林资源。

在森林类型上，白马雪山国家级自然保护区的森林类型有寒温性针叶林、寒温性阔叶林、温凉性针叶林、温凉性阔叶林、暖性针叶林和暖性阔叶林。

白马雪山保护区蕴藏多种冷杉属植物，即中甸冷杉、长苞冷杉、川滇冷杉、苍山冷杉、急尖长苞冷杉、云南黄果冷杉。

阅读链接

千湖山湖区分布在海拔3900~4000米的地方。关于这些湖泊的来历，传说是有仙女在此梳妆，不小心失落了镜子，破碎的镜片散落于群山之中就变成了许许多多的湖泊。

千湖山上共有大大小小近300个高山湖泊，堪称云南高山湖泊最集中的地方。

广西漓江

漓江位于广西壮族自治区东部，属珠江水系。漓江源于"华南第一峰"猫儿山。漓江是林丰木秀，空气清新，生态环境极佳的地方。漓江环绕着整个桂林市，其江水清澈自然，不浑浊。

漓江自桂林至阳朔83千米水程，酷似一条青罗带，蜿蜒于万点奇峰之间，沿江风光旖旎，碧水萦回，奇峰倒影、深潭、喷泉、飞瀑参差，构成一幅绚丽多彩的画卷，人称"百里漓江、百里画廊"，是广西壮族自治区东北部喀斯特地形发育最典型的地段。

由地质运动变化而来的漓江

　　漓江位于广西壮族自治区东部，属珠江水系。漓江发源于"华南第一峰"桂北越城岭猫儿山，那是个林丰木秀，空气清新，生态环境极佳的地方。

漓江风光如画

漓江象山

漓江上游主流称六峒河；南流至兴安县司门前附近，东纳黄柏江，西受川江，合流称溶江；由溶江镇汇灵渠水，流经灵川、桂林、阳朔，至平乐县恭城河口称漓江；下游统称桂江，至梧州市汇入西江，全长约437千米，流域面积约5585平方千米。

自古有"桂林山水甲天下"之说，而从桂林到阳朔的83千米漓江水程，便是桂林风光的精华。

唐代大诗人韩愈曾以"江作青罗带，山如碧玉簪"的诗句来赞美这条如诗似画的漓江。

漓江是桂林山水的典型代表，是桂林的灵魂。桂林漓江的诞生，是地质运动的产物。

大约在4亿年前，这片大地还沉睡在茫茫无际的大海之中。后来，由于地球发生了一次剧烈的地壳运动，这就是著名的"加里东"运动。

桂林在这次地质运动中曾经一度露出水面，成

黄柏江 发源于广西壮族自治区资源县打鸟界下的大路水，流经兴安县境内汉瑶杂居的苏家湾、桃子坪、清水江、白桃等山寨，在溶江镇司门前与漓江源头主要支流之一的六峒河汇合，全长53千米。黄柏江似一条玉带从打鸟界南麓蜿蜒而下，据说，它在漓江诸支流中是保护得比较好的一条。

为陆地，可是不久，由于陆地下沉，桂林也随之慢慢下陷，沉入海底。距今1.5亿年的三叠纪时期，地球上又一次剧烈的造山运动"印支运动"降临，把整个桂林乃至整个广西都掀了起来。

后来，经过大约距今2000万年至7000万年的"燕山运动"，形成了广西地区众多的高山和谷地。

随着地球的不断运动变化，地壳时升时降，海水时进时退，漫长的历史演变，使桂林一带积累了许多由海水带来的沉淀物。这种含有钙质成分的沉淀物，不断集结，形成层状的石灰岩。

桂林处在分布很广的石灰岩层厚而质纯槽谷平原之中，再经过长期的风化、剥蚀和雨水的溶蚀，独特的桂林景观发育形成。

于是，桂林山水诞生，漓江也诞生了。

漓江全程的地质概貌，有3个典型的特征：一是漓江上游的花岗岩地貌；二是漓江中上游与下游部分地段出现的砂页岩地貌；三是漓江中下游的石灰岩地貌。

分布在猫儿山自然保护区的花岗岩石地貌，形成于加里东造山运动期，又受到燕山运动的影响，岩体为碱性花岗岩，与桂林资源县的花岗岩体属于同一岩基。

花岗岩硬度很高，抗风化能力强，所以，猫儿山地区各个山岭山势挺拔，陡峭异常，满目皆是刀砍斧削一般的悬崖峭壁。

猫儿山地区土壤有机质含量高，矿物质丰富，森林茂盛，水源充足，为各种动植物生长创造了自然条件，它的植被覆盖面积大，岩石裸露的面积少，这等于给岩石穿上了抵抗风雨剥蚀的防护衣。

距猫儿山顶6000米左右的八角田铁杉林，是一条分水岭，一条小溪向北流去，流入龙胜境内，汇入柳江；另一条涓涓小溪从这向南流淌，便是被确认为漓江的源头。

沿着源头一直往下走，开始比较平缓，走了约3000米，小溪的落差越来越大，坡度越来越陡，小溪也壮大起来，水流也变得丰满起来，甚至形成悬泉飞瀑，一路流泻，汇集各路山涧，不断壮大自己。

在漓江的源头地段，因为沉积物搬运的距离短，水流的沉积物少，山石棱角分明，大小杂陈，山谷中巨石林立，如狮蹲虎踞，气象雄伟壮观。

从动力地质学的角度来说，在猫儿山的山脊，涓涓细流冲击力

■ 漓江景观

■ 漓江风光

天赐的美景

毛竹 是我国亚热带主要竹种，分布于我国长江流域及南方各省区，是我国人工竹林面积最大，用途最广，开发和研究最深入的优良经济竹种。东起台湾、西至云南、南自广东、广西，北至江苏、安徽北部，河南南部都有分布，在山地、丘陵和平原地区都能生长。

小，对地形的改造和影响力也就小。

由于"水往低处流"，随着水流往下，细流汇集着沿途的山涧和小溪，流量越来越大，冲击力量越来越强，这股力量切割着地表，把岩石的缝隙冲刷侵蚀分割成一个个山谷，一个个峭壁，一个个悬崖，一个个大石头，落差大的地方达50多米。

在猫儿山上的潘家寨和高寨一带，山腰上的毛竹林，青翠欲滴，在风中向人们点头致意。这里水的流速在每秒半米以上，过了高寨，水流变化很大，时缓时急，沉淀物逐渐增多，在凸岸上陈列着砾石浅滩，在凹岸可见水流冲击而成的陡崖或者河心滩。

漓江行至华江山的水埠村，可以断断续续看到一些南北走向的砂页岩，它们覆盖在花岗石上面，这一带的山形水势走向平缓，山顶相对山脚的高度在500

米以下，坡度低于20度。

到了山脚的华江乡，就全是砂页岩和板岩地区了，各路汇集水流冲击而成的山间小平原，河床中的卵石明显变小。

漓江水经过溶江镇，江宽水阔，在灵河与六峒河即华江的交汇处，出现大面积的砾石滩，两股水流会师之后，沿途又汇集灵渠、小溶江、甘棠江等大支流，水势平缓，河床较宽，江面宽100米至200米，水深约两米。

放眼望去，一片冲积平原，两岸植被丰富，秀美野逸，一路山光水色，田园如画，郁郁葱葱的马尾松成林成片，水稻和树木长势喜人。绿树红花和金黄的稻谷映衬灰瓦白墙的农舍，简直就是一幅米勒笔下的油画，时有三三两两的渔船从江上划过，吆喝着，抒发着劳动的艰辛与欢乐。

阅读链接

"江作青罗带，山如碧玉簪"，这是唐代文学家韩愈描写漓江山水的诗句。可是，据说韩愈从来没有到过漓江，而他之所以能写出这样的诗句，源于他爷爷为他讲述的一个故事。

传说，织女是天宫织布的好手，巧姑是人间的织布好手，为了知道她们俩谁的织布手艺更上乘，她们被玉帝请到天宫比赛。

在第一场和第二场的比赛中，织女和巧姑各赢了一场，无法分出胜负。于是，玉帝让她们第三局比谁织的布花样和色彩既好看、又织得多。

后来，巧姑本来织得又快又好，可是织女用了法术，把巧姑织的青罗绸缎布匹，全部吹到了漓江，变成了江水。从此，漓江的江水就像青罗绸缎一样漂亮。

为此，韩愈便写下了"江作青罗带，山如碧玉簪"这两句著名诗句。

一衣带水的漓江沿岸景观

桂林漓江以桂林市为中心，北起兴安灵渠，南至阳朔，由漓江一水相连。从桂林至漓江段主要包括竹江、草坪、杨堤、兴坪和阳朔等。在这些景区内，奇峰异景，络绎不绝。

竹江景区夹岸石山连绵，奇峰围峦映带，是漓江风光的精华。主

漓江沿岸景观

要有黄牛峡、群龙戏水、望夫山和仙人推磨等。

黄牛峡位于桂林磨盘山码头下游，这是一条狭长的峡谷，周围的群山有不少山峰像黄牛头，所以叫黄牛峡。当然，也有的山峰像马，像狮子，像老虎，像绣球的。

漓江的水，流到黄牛峡即一分为二，分别向左右两边流去，把江中的沙滩分割成3个小洲。

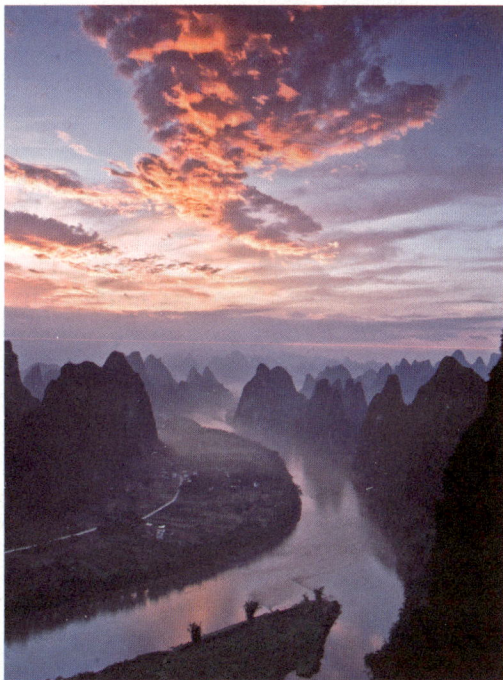
■ 漓江霞光

古代，江水直冲对面的悬崖陡壁，波浪翻滚，有如长江三峡之势。明代旅行家徐霞客漫游漓江，他视黄牛峡的山川形胜可与长江的巫峡同喻，比庐山、赤壁等地还要美丽壮观，因而用生动的笔调写道：

石峰排列而起，横障南天，上分危岫，几埒巫峡；

下突轰崖，数逾匡老，于是扼江，而东之江流啮其北流；

怒涛翻壁，层岚倒影，赤壁、采矶，失其壮丽矣。

后来，黄牛峡河道，经过多次疏通和修筑，把江水的主流改在江的左边。这里的山峰秀丽，江面宽

徐霞客（1587年～1641年），江苏省江阴人。我国古代伟大的地理学家、旅行家和探险家。《徐霞客游记》开辟了系统观察、描述自然的新方向，既是地貌地质的地理名著，又是描绘风景资源的旅游巨篇，在国内外具有深远的影响。

天赐的美景

■ 漓江上的木筏

仙人 即神仙，是我国本土的信仰。仙人信仰在我国早在道教产生之前就有了，后来被道教吸收，又被道教划分出了神仙、金仙、天仙、地仙、人仙等几个等级。远在佛教传入我国之前，我国本土就有了仙人的信仰。佛教传入我国之后，把古印度的外道修行人也翻译成了仙人。

广，3个洲像是浮在江面上一样。

群龙戏水是竹江景区的一大特色，在右侧临水的山壁，有几根悬垂倒挂的钟乳石柱，它们形态嵯峨，形神兼备，仿佛几条饮江的巨龙，它们的身子，隐藏在山壁内，只有龙头向着水面。

过了黄牛峡后，在漓江西岸即见望夫山，山巅上有仙人石，如一穿古装的人正向北而望，山腰处一石如背着婴儿凝望远方的妇女。

仙人推磨也叫"石人推磨"。相传古时候，山下住有7户人家，有一户为地主，其余6户都是穷人，一年到头为地主打工还填不饱肚子。

一天，有一位仙人路过此地，得知6户人家的处境，就连夜推动石磨，山下的石洞中流出了白米，够6户人家饱吃一天。

谁知地主知道后，欲占石磨为己有，于是捏造罪名，买通官府陷害6户人家，并派人凿宽山下出米洞口。结果，出米洞口不再出米了，地主亲自爬到山上推石磨，终于变成了石人。此景传说应了"善恶终会有报应"的预言。

如果把漓江的美景比作是一首诗或者是一部美妙的乐章，那么从竹江到草坪应当是这部乐章的引子与序曲，从草坪到杨堤是乐章的轻快舒缓的发展，从杨堤到兴坪应该是乐章的高潮与华彩，从兴坪到阳朔是乐章的尾声与结局。

草坪，芳草如茵，田园似锦，在这里有个村庄，就叫草坪乡。它三面环山，一面临水，是一个回族乡，拥有5000多人口。

进入漓江的草坪景区，会有一种"人在画中游"的意境。

诗 是我国古代文艺文字的总称。汉代以后"诗"则专指我国最早的诗歌总集《诗经》，专指与散文相对的韵文形式。如屈原、李白、杜甫、白居易、陆游等人作品，题材繁多。一般分为古体诗和新体诗，如四言、五言、七言、五律、七律、乐府、趣味诗等。诗的创作一般要求押韵，对仗和符合起、承、转、合的基本要求。

百里画廊

广西漓江

■ 漓江沿岸

冠岩在草坪下游500米处，其外貌像古时的紫金冠，故名冠岩。岩内常年流出甘冽清泉，故又叫甘岩。还因在漆黑洞里，顶上透出微光，所以又叫光岩。

冠岩堪称曲径通幽，洞口有四五重，水贯其中，风景优美，冬暖夏凉。它还与安吉岩相通，可以水入陆出，它有七星岩之深邃，芦笛岩之壮丽，堪称诸岩之冠。

半边渡离绣山约2千米处，江左岸有一驼形石山，拔岸屹立阻断了岸边的小路，使得冠岩村和桃源村过去必须依靠渡船往返，由于两个渡口均位于同一岸边，因而当地人称之为半边渡。

半边渡的对岸有一村庄名为浪洲村，现在渡船除摆渡半边外，还往返于江岸两边的3个码头，半边渡实际上是"三边渡"，故当地人戏称为"一渡两边三靠岸"。

这里石壁险峻，峰峦如朵朵出水芙蓉，倒影于绿波碧水之中，正是"此地江山成一绝，削壁成河渡半边"。经由此境，不仅慨叹伟岸

漓江景观

漓江河滩一角

之险，也称渡口之奇。

草坪区的特色是锣鼓鸳鸯滩。弯弯曲曲的漓江，有一个湾就有一个滩。滩头滩尾水比较浅，漓江从滩头上流过，发出淙淙的响声。群峰中有两个奇秀的山峰迎面而来，远望如文笔倒插，它们叫鼓棍山和锣槌山。

在鼓棍山和锣槌山的上游半里，有一湍急狭长河滩，称鸳鸯滩。滩水清浅，鹅卵石累累。滩上有两条夹河，夹河左右各有一沙洲，滩水穿洲而过，就像有一对鸳鸯浮游水上。

靠滩左岸的石壁上，有两个钟乳石，人们把其比作一对交颈依偎永不分离的鸳鸯。

从杨堤到兴坪是漓江的精华，也是漓江这部"乐章"高潮的华彩。杨堤的山突兀而起，云到了这里虚无缥缈，给人以幻境的感觉。

顺江而下过双全滩、锣鼓滩约行3000米，只见江中有一小岛，从高处俯视，形状像初七、八的月亮映于漓江之中，这就是著名的月光岛。岛上树木繁茂，天然生长的草皮又厚又软，在漓江的滋育下，

天赐的美景

■ 漓江的山水

四季常绿。

　　若是春夏季节更是郁郁葱葱，呈现出勃勃生机；若是秋天，乌桕树开始红了，深冬时红得最艳，绿叶与绿树相间，红叶有青山陪衬，有绿水萦绕，色彩鲜明，月光岛的红叶因此得名。

　　杨堤月光岛正对岸是白虎山，因其石壁斑纹形似一只白额大虎而得名。白虎山半山壁上，有一瀑布凌空而下泻入漓江，舟近壁而行，溅珠飞沫扑面而来，无论发多大的水都不浑浊，无论天有多旱也不干涸，而13千米内全是高山，找不到水的源头。

　　徐霞客到此考察后在日记中描述道：

　　　　其山南岩窍，有水中出，缘突石飞下附江，势同悬瀑。粤中皆石峰拔起，水流四注，无待壑腾空。此瀑出崇窍，尤奇绝。

乌桕树　又称木子树，为工业用木本油料树种之一。我国有关乌桕栽培利用的记载，最早见于1400多年前贾思勰著的《齐民要术》。乌桕在四川自然分布，北止于龙门山南坡，西北止于邛崃山东南段，西南止于锦屏山、白灵山东坡。

杨堤内有个浪石村，因村前有一片突现的礁石，似起伏的波浪，因而得名。每当烟雨季节，这一带风光云雾缭绕，水穿峡谷，船靠山行，两岸浓郁蔽日，浪石交融。

浪石两岸奇峰一座连着一座，密集的景观，连成一个峡谷。浪石村历史悠久，保存了大量的古代民居。登岸入村，可观赏到古香古色的古代建筑。

在浪石村的后面有一座山，形似坐于莲坛上的观音，慈祥的面容依稀可见；在她的前方有一座矮山，像正在参拜的虔诚小童。当地人说，正是观音菩萨的保佑，使他们的生活免于灾难，日子过得平平安安。

兴坪是古代漓江沿岸最大的城镇。旁山下狮子崴口有一棵古榕树，枝叶茂密，浓荫如盖，传为隋开皇年间所植。镇前深不可测的榕树潭，是天然泊船良港。潭边有滨江亭、白庙阁遗址，遗址旁有巨石

■ 广西漓江风光

■ 漓江九马画山

画屏 用图画装饰的屏风。在屏面绘画，唐代极为盛行。因屏风当时是室内常备的活动屏障，是主要日用家具之一，其中又以屏面矩形、以多扇横联的折叠式屏风使用最为普遍。这类屏风以木制框架，以纸、帛为屏面及屏背，为取得装饰效果，多在屏面绘画题字。

如龟，称"乌龟石"。

兴坪镇依山面水，风景荟萃，素有"漓江佳胜在兴坪"之说。

漓江流经兴坪，有个河流湾，名曰镰刀湾。这里奇峰林立，江水迂回，茂树葱茏，碧潭绿洲，幽岩古洞，田园村舍，处处是美丽的景色，是漓江风光荟萃之一。

在位于兴坪镇西北4千米处，有桂林漓江著名的景观之一九马画山，它是大自然的笔墨奇观。

宋代诗人邹浩把它比作天公醉时的杰作，他在诗中写道：

应时天公醉时笔，重重粉墨尚纵横。

九马画山山高400余米，宽200余米，五峰连属，东南北三面环山，西面削壁临江，高宽百余米的石壁上，青绿黄白，众彩纷呈，浓淡相间，斑驳有致，宛如一幅《神骏图》。

远远望去的这幅巨大画屏，皆天然形成。细细端详后，人们会发现画屏中好像藏着姿态各异，形神逼真的"九马图"，甚至远比这个数字要多。这些马儿有的跳跃，有的奔腾，有的嬉戏，或立或卧，或昂首嘶鸣，或扬蹄奋飞，或回首云天，或悠然觅食。

峰顶上的一匹高头骏马，好像在嘶风长啸，下方有两匹灰色的小马吃草。鱼尾峰上有"先锋马"，蚂蟥山上有"落后马"。

远处有"牧马郎"，山麓有"饮马泉"。山崖石壁上刻有"画山马图"几个大字。

画山，古往今来，吸引了众多诗人、画家和学者。清代学者，曾任两广总督阮元对画山更是到了痴迷的程度，据说，他曾6年间5次来游画山，他在《清漓石壁图歌》中写道：

■ 漓江晚景

石刻 泛指镌刻有文字、图案的碑碣等石制品或摩崖石壁。在书法领域，也有把镌刻后，原来无意作为书法流传的称为"石刻"，一般不表书者姓名，三国六朝以前多为；而有意作为书法流传的称为"刻石"，隋唐以后多为，通常标刻书者姓名。我国古代石刻种类繁多，广泛地运用圆雕、浮雕、透雕、线刻等技法创造出来的风格各异的石刻艺术品。

六年久识奇峰面，五度来乘读画舟。

如今，在画山渡口不远的崖壁上，仍可看到"清漓石壁图"5字石刻大榜书。

有民谣流传：

看马郎，看马郎，
问你神马几多双？
看出七匹中榜眼，
看出九匹状元郎。

人们每每到此，总要细细揣摩，发挥想象力数一数。为此，九马画山，堪称漓江"巨壁美"之冠。

阳朔是漓江的终点，这个区域的主要特色是"带"字的石刻。从欣赏这个"带"字，最后我们应该总结漓江的精神就是一个"妙"字，漓江风景的自

■ 漓江景观

螺蛳山距兴坪镇约1000米，山高100余米，有层次的山石，从山脚底螺旋而上，直至山顶。无论从什么地方看，都像一只正在觅食的大海螺。

山上细竹灌木丛生，如寄生在江底的螺蛳身上的青苔。每当朝阳铺洒在山头时，它又像是一个刚从深潭底爬到岸边晒太阳的青螺，霞光闪闪，仿佛身上不断往下滴水。山下及螺蛳岩周边风景宜人，青山环绿水，洞内多乳石。

阳朔的碧莲峰又称芙蓉峰、鉴山，位于城东南的漓江边，山上树木，四时苍翠，从远处看去就像一朵含苞欲放的莲花，当微风吹来，江中的莲花倒影，仿佛徐徐绽开，于是"莲峰倒映"便成了阳朔的一大名胜。

据地方志《阳朔县志》记载：

两广总督 清朝官职名称。正式官衔为总督两广等处地方提督军务、粮饷兼巡抚事，是清朝9位最高级的封疆大臣之一，总管广东和广西两省的军民政务。其辖区范围、官品秩位以及归属地方编制都十分明确，在整个国家的政治生活中发挥着日益重要的作用。

百里画廊

广西漓江

碧莲峰原为县内诸山之总名。奇峰环列，开如菡蕾，故又名芙蓉峰。

明嘉靖年间广西布政使洪珠题"碧莲峰"3字于山的东麓近水处，而且该山形似一浴水而出之莲苞，此后，碧莲峰、芙蓉峰两名即专指此山。碧莲峰山势嵯峨挺拔，山上绿树成荫，苍翠欲滴。

登山远眺，周围数十千米奇峰林立，云霞缭绕，瑰丽风光尽收眼底；俯视阳朔漓水，田园村舍，美好图画如拥怀中。

特别是登碧莲峰看东岭朝霞"日跃群峰霞光艳，万朵芙蓉层叠出"，景色蔚为壮观。"东岭朝霞"为阳朔八景之一，故有前人刻有"登临好"三字于山顶石壁。

阅读链接

有一年春天，正是漓江的鱼产卵时节，忽然，有一天卷起了狂风，下起了暴雨，洪水过后，这峭壁下的鱼窝再也打不到鱼了。

沿江的渔民当中，有个叫廖水养的老渔翁，他想一定是什么怪物在这里兴风作浪，于是，他决心把事情查个水落石出。

终于在一天傍晚的时候，他网住了那条鲤鱼精。他拼命把鲤鱼精往岸上拖，没想到鲤鱼精反而把他拖入了江中，再也没有回来。

后来廖水养的儿子廖小弟得到了龙王女儿的帮助，他拿着神箭来到浪石滩躲起来。终于等到鲤鱼精从江里腾起，在石壁前戏耍，说时迟，那时快，廖小弟拉弓射箭，"啪"地射中鲤鱼精，连箭带鱼一同挂在了峭壁上。

从此，漓江就有了"鲤鱼挂壁"的奇妙景观。

闻名中外的漓江几大景观

在桂林漓江风景区内，除了竹江、草坪、杨堤、兴坪和阳朔等漓江沿岸的风景景观之外，还有象山、独秀峰、叠彩山、伏波山、七星岩、芦笛岩以及穿山公园等几处景观最为著名。

桂林山水一景象山

■ 漓江象山

天赐的美景

陆游（1125年~
1210年），浙江
绍兴人，南宋诗
人。他创作的诗
歌很多，今存9000
多首，内容极为
丰富。抒发政治
抱负，反映人民
疾苦，风格雄浑
豪放。词作与诗
同样贯穿了爱国
主义精神。著有
《剑南诗稿》《渭
南文集》《南唐
书》《老学庵笔
记》等。

其中，象山原名仪山、漓山、沉水山，位于桂林市内桃花江与漓江汇流处，因山东端的水月洞有如象鼻，整个山形酷似一头驻足漓江边饮水的大象，故称象鼻山，简称象山。象山以其栩栩如生的形象引人入胜，被人们看作桂林山水的代表。

由象山山顶沿东南侧山道下山，行至半山腰，道旁有一椭圆形的洞口，即为象眼岩。洞口有块被栏杆护着的石刻，是宋代著名诗人陆游的墨宝。

象鼻的东面岩崖上，有"放生池"三个字，题者为清代广西布政使黄国材，他擅长写大型榜书，他在独秀峰题写的"南天一柱"是桂林石刻中最大的榜书题书。而象山东崖上，清代倪文蔚所刻的《皇清中兴圣德颂》是桂林最大的摩崖石刻。

独秀峰位于桂林中心靖江王城内，孤峰突起，陡峭高峻，气势雄伟，素有"南天一柱"之称。

靖江王城是明代靖江王的府邸，在桂林城中自成一城，故称王城。1372年始建，占地约19.8公顷。朱元璋将其侄孙朱守谦分封到桂林时在此地建立藩王府，之后共有11代14位靖江王在此居住过，历时280年。

独秀峰是王城景区不可分割的部分，最早的"桂林山水甲天下"的诗句就刻在独秀峰上。

山东麓有南朝文学家颜延之读书岩，为桂林最古老的名人胜迹。颜延之曾写下"未若独秀者，峨峨郛邑间"的佳句，独秀峰因此得名。每当晨曦辉映或晚霞夕照，孤峰似披紫袍金衣，故又名为紫舍山。

独秀峰是桂林的主要山峰之一，相对高度66米。由3.5亿年前浅海生物化学沉积的石灰岩组成，主要有3组几乎垂直的裂隙切割，从山顶直劈山脚，通过水流作用，形成旁无坡阜的孤峰。

独秀峰山体扁圆，东西宽，端庄雄伟；南北窄，峭拔俊秀。山上建有玄武阁、观音堂、三客庙、三神祠等，山下有月牙池。

靖江王 明朝藩王。是我国历史上传袭最长的藩王，自1376年就任桂林靖江府，至1650年藩国结束，共历经280年。靖江王也是明朝一个规制特别的藩王，与有明一代数以千计的郡王在政治、经济待遇上存在很大的差别，相当于亲王级别，但高于郡王的特殊待遇。

百里画廊

广西漓江

■ 桂林独秀峰

独秀峰与桂林四大名池之一的月牙池天造地合，相映成趣，成为桂林古八景之一。

叠彩山是桂林市内的最高峰，是观赏桂林全景的最佳地点。叠彩山位于桂林城北、漓江西岸。

叠彩山地貌特异，由几亿年前沉积的石灰岩和白云质灰岩组成，石质坚硬，岩层呈薄层、中厚层和厚层状，一层层堆叠起来，如同堆缎叠锦。

叠彩山由越山、四望山与明月峰、仙鹤峰组成，最高的仙鹤峰海拔253米，相对高度101米。其主峰明月峰海拔223米，相对高度73米。

叠彩山在桂林市北部，面临漓江，远望如匹匹彩缎相叠，故名。

相传，过去此山上多桂树，所以也叫桂山。又因山麓有奇特的风洞，人们称它为风洞山。

天赐的美景

■ 桂林叠彩山

■ 桂林伏波山

叠彩山是市内风景荟萃之地，包括越山、四望山、明月峰和仙鹤峰。上山，一路古木参天，山色秀丽、与园林建筑叠彩亭、于越亭、秀山书院、仰止堂等相融成趣。

叠彩山的顶峰拿云亭是观景的好去处，古人赞美这里是"江山会景处"。山上石刻很多，太极阁的摩崖造像和石刻，艺术价值很高。

伏波山在桂林是东北伏波门外，东枕漓江，孤峰挺秀，风景迷人，有"伏波胜景"之称，有遇阻回澜之势，因唐代曾在山上修建汉朝伏波将军马援的生祠而得名。

伏波山由多级山地庭园组成，有还珠洞、千佛岩、珊瑚岩、试剑石、听涛阁、半山亭、千人锅及大铁钟等景观和文物。进入伏波山，首先映入眼帘的是第一级台地庭院景观，即伏波胜景。

第二级平台上的临江游廊与平台北边的挡土墙自

伏波将军 是古代对将军个人能力的一种封号，伏波其命意为降伏波涛，历朝历代中出现多位被授予伏波将军的人物，最著名的伏波将军是东汉光武帝时候的马援。伏波将军只是鉴于个人能力的称号。第一位出任伏波将军的即汉武帝时的路博德。

米芾（1051年~1107年），北宋书法家、画家、书画理论家。祖籍太原，迁居襄阳。天资高迈、人物萧散，好洁成癖。书画自成一家。能画枯木竹石，时出新意，又能画山水，创为水墨云山墨戏，烟云掩映，平淡天真。擅篆、隶、楷、行、草等书体。曾任校书郎、书画博士、礼部员外郎。

■ 伏波山千佛岩

然而然地形成了一个院落，院内种植花木，曲折有致，步移景换，妙趣横生。

廊前置亭，亭内存放着一口"千人锅"，直径一米，高约1米，重约1吨，它与还珠洞入口处左侧的古钟同为定粤寺的法器。

还珠洞位于伏波山的山腹，分上下两洞，"如层城夏道"，伫立临江的东口，可望远近的青山、江中的瀛洲、苍翠的树林，深不见底的碧波幽潭。

唐代的佛教徒们在还珠洞中雕塑了不少佛像，能辨认成形的有239尊，加上斧凿痕迹尚未成形的共有400尊。成为唐代崇尚佛法，佛教盛极一时的标志。

还珠洞中的镇洞之宝当属北宋四大书法家之一米芾刻于石壁上的自画像，像高1.2米，其身着古衣冠，右手伸两指，若有所指，迈开右脚，做行走之势，神态自若，风度潇洒。

还珠洞中有试剑石。试剑石乃是天然的钟乳石，位于洞中临江的东口，它与地面间有一间隙，仿佛被剑砍过一样，故名。试剑石旁有石凳、石桌，石前有伏波潭，潭水如镜，人们在此赏景别有一番乐趣。

七星山共有10余个较大的奇洞，其中主要的就是七星岩，又称碧虚岩。七星岩古时被称为栖霞洞，在桂林市东普陀山西侧山腰。

该岩分上、中、下三层。上层高出中层8米至12米；下层是现代地下河，常年有水；中层距下层10米至12米。

七星岩的中层，犹如一条地下天然画廊，洞内长达800米，最宽处43米，最高处27米。洞内钟乳石遍布，洞景神奇瑰丽，琳琅满目，状物拟人，无不惟妙惟肖。主要景观有石索悬锦鲤、大象卷鼻、狮子戏球、仙人晒网、海水浴金山、南天门、银河鹊桥、女娲殿。景物奇幻多姿，绚丽夺目。

岩内的钟乳石色彩艳丽异常，红的胜火，如温暖的火焰灿然开放；绿的娇艳，如清凉的翡翠凝聚了夜色中萧疏的光芒；黄的精彩，如集中了无数的魅力和风华的琥珀，让人不由得想去精心呵护；白的甜润，

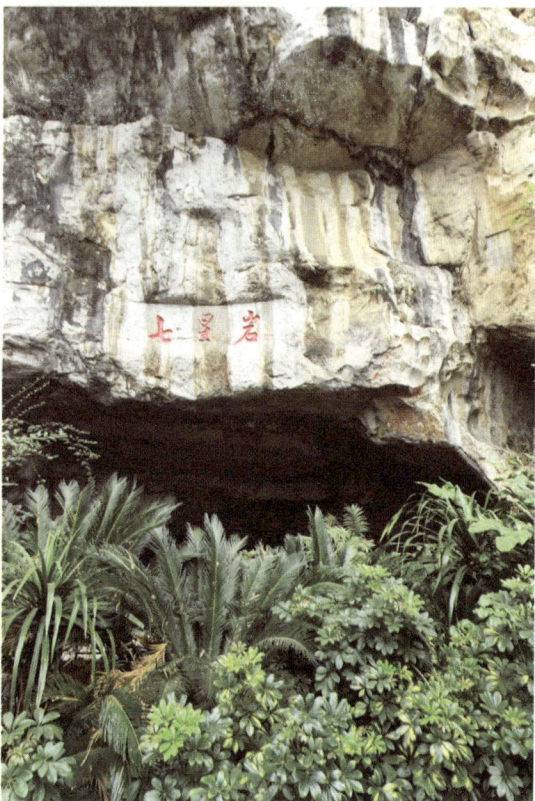

■ 桂林七星岩

女娲 又作女希氏，又称女娲娘娘。是我国古代神话人物。她和伏羲同是中华民族的人文初祖。女娲氏是五氏之四，我国古代神话人物。在女娲补天的传说中，女娲断鳌足和杀黑龙的目的，就是为了消除水怪以平息水灾，所以人们也称女娲是平息水灾和治理水患的神灵。

天赐的美景

如羊脂玉石凝聚了月亮的光华，发散出清纯的辉光。

这所有的颜色集中在一起，使得整个洞穴五彩缤纷，恰似神话中的仙宫。

芦笛岩在桂林市西北7000米处的光明山上，因洞口长有芦荻草，传说此草可以做笛子，吹出悦耳动听的声音，芦笛岩因此得名。

芦笛岩是一个地下溶洞，深230米，长约500米，最短处约90米，其洞长虽比七星岩短，但景色却比七星岩更奇。

洞内有大量奇麓多姿、玲珑剔透的石笋、石乳、石柱、石幔、石花等，琳琅满目。组成了狮岭朝霞、红罗宝帐、盘龙宝塔、原始森林、水晶宫、花果山等景观，令人目不暇接，如同仙境，被誉为"大自然的艺术之宫"。

芦笛岩所在的光明山，从前叫毛毛头山。原来半

■ 桂林七星岩景观

■ 桂林芦笛岩的石钟乳

山腰只有一个小洞口，仅容一人进出，山坡上又长满芦荻草，并未引起人们的注意。

地方志《临桂县志》记载了光明山，但是没有说山腰有岩洞。洞内保存有802年以来的壁书70幅，大部分是用墨笔在洞壁上书写的题名。

芦笛岩的特点是洞中滴水多，石钟乳、石笋、石柱等也特别多。进入洞内，在林立的石柱缝隙中间转来转去，加上彩色灯光的照耀，如同置身仙境一般。

穿山公园位于桂林市南郊，以穿山为轴心，占地面积约2000平方米，是桂林市山水旖旎的景观之一。

穿山五峰逶迤，状若雄鸡，西东为首尾，南北为两翼，中峰为背。西峰上的月岩，恰是鸡眼，与隔江的龟山，犹如两鸡相斗，合称"斗鸡山"。

明代孔镛有"巧石如鸡欲斗时，昂冠相距水东西。红罗缠颈何曾见，老杀青山不敢啼"之句。因为

孔镛（1417年～1489年），南直隶苏州府长洲人。1454年进士。历任官都昌知县、高州知府、右副都御史巡抚贵州，1489年召为工部右侍郎。据说，他在做田州知府前，田州常常发生少数民族叛乱，前任的知府根本管不了。孔镛上任后，独自去贼巢劝降强盗，得到了人们的好评。

五峰耸立，形如笔架，也有"笔架山"之称。

西峰上有洞，分上下两层。下层南北贯通，如当空皓月，被称月岩，或题为"空明"，故又有空明山之名。宋代广西经略安抚使于1222年刻"月岩"两字于南口东壁。因北口东壁有"空明山"三字，所以月岩也叫"空明洞"，洞中有悬石及宋明石刻多件。

月岩之上还有一岩，口北向，高6米，长16米，宽8米，面积128平方米，两岩重叠，中隔厚约两米的岩层，北口东侧及南口西侧均架有铁梯相连通。月岩宽阔明亮，空明之名十分贴切。

穿山岩为不规则溶洞，形成于3.4万年前，总长1531米，主洞长348米。岩内曲折环回，灿烂多姿，有天鹅湾、水帘洞、连心石盾、龙鳞壁、古树坪、卷曲石、空心石、金刚宝剑和珍珠龟等。

其中，天鹅湾丛生着被称为"鹅管"或"石管"的杆状石钟乳，最长的有一米多。

阅读链接

关于伏波山还珠洞内的试剑石，还有一个这样的故事：

传说，伏波将军马援南征时与作乱犯境者在还珠洞中谈判，谈至僵局，马将军拔剑而起，剑光一闪，竟将巨大的石柱贴地削去寸余，对方为之色变，立刻答应退兵。

对方自以为得计，二话没说便表示同意，并亲笔在箭杆上写下"箭落为界"的字样。

伏波将军登上伏波山，只见他弓如满月，箭似流星，一箭射穿了三座山，直飞到作乱犯境者出发的地界才落下。对方见将军如此神勇，只好悻悻地退回他们的老巢。

其实，那条所谓的剑痕缝隙原来是石灰岩的岩层，水流沿着这个层面的裂隙冲刷溶蚀出一条缝隙，整个试剑石只是一根溶蚀残柱。如今它已无水的溶蚀作用，无法分解碳酸盐而产生新的沉淀，失去了继续生长的条件和环境，所以它将永远是一块离地悬空的奇石。

白水洋位于福建省屏南县境内，距福州170千米。

白水洋风景名胜区由白水洋、鸳鸯溪、鸳鸯湖、刘公岩、太堡楼五大景区组成，景区融洋、溪、瀑、湖、峰、岩、洞于一体；其中白水洋、天柱峰、鼎潭仙宴谷、小壶口瀑布、百丈漈水帘洞为国家特级景观。

白水洋四面青山环抱，两条清澈的溪流仙耙溪和九岭溪交汇其间，形成一处面积约8万平方米、以岩石为溪床的自然地貌，其中最大的一块岩石面积达到4万多平方米，最宽处约1900米。溪床流水均匀，阳光下波光潋滟，一片白炽，因而得名白水洋。

福建白水洋

因奇特地质闻名的白水洋

天赐的美景

　　屏南县位于福建省宁德市，这里具有独特的"天然空调"，因为常年气温为14℃~18℃。白水洋风景名胜区就位于屏南县境内，是国家重点风景名胜区之一。

白水洋瀑布

白水洋风景区

白水洋整个景区呈月牙形，总面积66平方千米，溪长36千米，分白水洋、鸳鸯溪、刘公岩、太堡楼、鸳鸯湖五大景区。其中，白水洋景区的特色可以用一首诗来概括，那就是：

天造奇观白水洋，巨石板上水泱泱。
万人可舞碧波里，还能赏猴觅鸳鸯。

那么，为什么说白水洋是"天造奇观"呢，什么是"巨石板上水泱泱"呢？

这指的是白水洋的"十里水上长街"。十里水上长街是由3块平坦的万米巨石组成的，最大一块近4万平方米，它们静静地躺在潺潺的溪水之下，这就是"巨石板上水泱泱"，也称为"浅水广场"。

据说，这是目前世界上"唯一的浅水广场"，享有"天下绝景，宇宙之谜"的盛誉。

白水洋河流

白水洋是一个宽阔的平底基岩河床，它的形成受岩石特性，地质构造和水动力等制约。白水洋河床的岩石是距今900万年火山活动形成的，岩石具有完整性好、结构均一致密的特点。

大约距今530万年，随着地壳的抬升，河谷下切，覆在上面的地层被侵蚀，岩体露出地表，由于风化作用和流水侵蚀，逐渐形成以正长斑岩为基岩的平底河床。

距今约260万年以来因为地壳活动相对平稳，白水洋一带处于相对稳定状态，地表极缓慢上升，地壳抬升的速度和流水下切速度几乎相当。经流水长期冲蚀，白水洋逐渐形成光滑如镜、宽阔平展的平底基岩河床。

白水洋的石与水结为一体，水安抚着石，石承托着水，唇齿相依。离开了水，石就是一块干渴焦灼的平凡之石；离开了石，水就是一湾无依无靠的普通之水。有了形影不离的石和水，白水洋才名副其实地成为人们戏水的天堂。

白水洋共分为三大洋：上洋、中洋和下洋。

白水洋上方，状似梯田的是上洋，由于河床深浅不一，水的颜色也不同，加上两岸竹木、山花的辉映，显得五颜六色，故又称"五彩洋"。在上洋的峡谷中，有一木拱廊桥，是一座重建的双龙桥，桥长66米，宽4.5米，两墩三孔。双龙桥的梁上书写着优美的对联，桥中的神龛上祀奉的观音菩萨。

在上洋和中洋的连接处有一道弧形瀑布。这条瀑布高8米多，宽50多米，是由于上洋和中洋之间有高度落差而形成的，在阳光的照射下闪闪发亮，就像一条挂在白水娘粉颈上的白金项链，让白水洋越发显得活泼靓丽。

白水洋的上洋洋尾稍稍向下倾斜，就像一条天然的冲浪滑道，这条滑道宽60多米，长近百米，岩石表面光滑平坦，坡度适中，是白水洋知名的"百米天然

神龛 也叫神椟，是放置道教神仙的塑像和祖宗灵牌的小阁。神龛大小规格不一，依祠庙厅堂宽狭和神的多少而定。大的神龛均有底座，上置龛。神像龛与祖宗龛形制有别：神像龛为开放式，有垂帘，无龛门；祖宗龛无垂帘，有龛门。

■ 白水洋激流

天赐的美景

■ 福建白水洋风景区

乌纱帽 指古代官吏戴的一种帽子，它原是民间常见的一种便帽，官员头戴乌纱帽起源于东晋，但作为正式官服的一个组成部分，却始于隋朝，兴盛于唐朝，至宋朝时加上了双翅，乌纱帽按照官阶在材质和式样上是有区别的。明朝以后，乌纱帽才正式成为做官为宦的代名词。

冲浪滑道"，是大自然鬼斧神工所创造的"水上乐园"。

白水洋的中洋总长200多米，宽150米，面积达3万多平方米。

在中洋的广场上，3块巨石旁矗立着3座大山峰，这里堪称全国独一无二的"天下绝景"。中洋的石板较为平坦，溪水的流速较为平缓，水不是非常深。因此，到了中洋，最为惬意的一件事情就是脱掉鞋子和袜子到水中散个步。

据说，白水洋的溪水中富含着多种矿物质，而石面上天然的平滑凸起恰恰能起到很好的按摩作用，常在白水洋中散步，不仅按摩脚底穴位，还有利于人们对矿物质的吸收，有很好的保健作用。

白水洋的下洋没有中洋和上洋那么宽阔，但这里水平如镜，倒映出两旁的绿树，风景格外秀美，是名副其实的"情人谷"。在下洋的中央，有一突出的石笋，从上方看，很像一顶明代的乌纱帽，故称"纱帽岩"。

据说，当年有一位县官路过此地，见此处山清水秀，感叹宦海沉浮，遂生退隐之心，将纱帽抛在水中化为此石。

我国文人的超脱，在桃花源中，在王维的《辋川别墅》中，又似古人思莼菜鲈鱼之美而归乡，延续到此处的纱帽岩，恰作了最浪漫的注脚：

身辞宦海此间游，独恋清溪景色幽。
洗却尘心归隐日，轻抛纱帽砥中流。

王维（701年~761年），字摩诘，唐朝诗人，有"诗佛"之称。721年中进士，任太乐丞。王维是盛唐诗人的代表，今存诗400余首，重要诗作有《相思》《山居秋暝》等。王维精通佛学，受禅宗影响很大。

■ 白水洋美景

纱帽岩形随步换之下，从左侧往上看去，其形如一只巨龟，背上驮着一堆宝物，人称"金龟驮宝"。从总体上看，又似一鼓满的风帆，又称"一帆风顺"。

因此，该景观又有一个十分吉利的名字，就是"金龟驮宝，一帆风顺"。

下洋的两岸是悬崖峭壁，在平展的河床上筑起了一道道门户，裸露的岩石顶上披着一层层绿荫，就像是

■ 白水洋风景

鸳鸯 又名乌仁哈钦、官鸭、匹鸟、邓木鸟，是经常出现在中国古代文学作品和神话传说中的鸟类。鸳指雄鸟，鸯指雌鸟。鸳鸯在动物分类学上属于雁形目鸭科鸳鸯属。在我国古代，最早是把鸳鸯比作兄弟的。唐代以后，人们开始把鸳鸯比作夫妻。

个生态型的鸳鸯大洞房。

这块岩石人称鸳鸯床，现在断裂了一块。传说，当年猪八戒在往西天取经的路上，一直怀念着高老庄的"娘子"，路过这里时看到一对鸳鸯恩爱地在鸳鸯床上交颈而眠，不禁触景生情，因妒生恨，举起手中的九齿钉耙打去，鸳鸯床顿时裂下一块。

下洋的左峰是马鞍山，它为下洋秀丽景色增添了几分雄健之美。

在下洋附近还有一座白水洋的主峰情人谷，峰顶耸立在五座紧挨的巨石上，犹如五位老仙人站在那里施法，共同趋走邪魔。

裸露的石柱高耸入云，阳光从石缝间洒下，将数道金光直射白水洋，如果从逆光的方向看，白水洋成了一片银白色，波光粼粼，细纹闪闪，给人以梦幻般的感觉，这便是"白水洋"名字的由来。

在情人谷左侧，有一个洞窟，名为齐天大圣洞。这个洞窟宽10多米，深8米，中间石龛上立着齐天大圣的神位，上面刻着"王封上洞齐天大圣宫殿"。

这个齐天大圣宫殿修建于1841年，以《西游记》里孙悟空"变庙"为蓝本，洞前还立着石柱旗杆，洞旁河碉群中有石级影，慈母心，情人影，惟妙惟肖。

在白水洋的下方，有一块形状古怪而突出的岩石，状似一只龙头扎入水中吸水，故称"神龙吸水"。从右侧看，又像一只老虎在观看"白水弧瀑"，因此又称"老虎观瀑"。其上方的山峰名为五老峰。

想要观赏白水洋，必先登五老峰，在峰上凭高俯瞰，白水洋一览无余。

《西游记》是我国古典四大名著之一，作者相传是吴承恩，成书于16世纪的明朝中叶，主要描写了唐僧、孙悟空、猪八戒、沙悟净师徒4人去西天取经，历经九九八十一难的故事。《西游记》自问世以来在中国乃至世界各地广为流传，被翻译成多种语言。

■ 白水洋河流

白水洋上的石桥

天赐的美景

　　五老峰山形秀丽，形如一丘巨大的农田，又像一支巨大的毛笔。五老峰裸岩峭立，直插入地，上刺蓝天。岩壁缝隙横竖，如老翁苍脸。在五老峰的前方，有一个小平台，人们称它为"棋盘石"。

　　传说，当年有5位神仙在棋盘石上，面对棋局冥思苦想，忘却了岁月的流逝，专注凝神而化为五老峰。

　　有一位诗人感慨道：

神仙对弈几春秋，
忘却时光似水流。
未拾残棋身石化，
长留五老构清幽。

　　五老峰上的岩石凹凸分明，各自一体，又紧密相连。从五老峰鸟瞰白水洋，只见万米水上广场如盘，石纹连网，石面上漫步，人群如织，让人觉得是在遨游太空时又发现了一个神秘天体。夕阳斜照，白水洋面粼光闪烁，又好像是银河落处，分不清这里是天堂还是人间。

此外，在白水洋的下洋岸边，还有一个如同一手遮天的通天洞，在通天洞的岸边，还有3通无字碑，据传说这上面原来是有字的，其文字记载着下方这个通天洞的玄机，由于几千年风雨侵蚀，现在已是碑体残缺，文字也看不清了。

在无字碑的附近，还有一块晒经石。传说，当年唐僧和孙悟空取经回来，在这块岩石晒过经文，所以至今上面还残留着许多看不懂的文字。因此，人们又称之为"天书岩"。

在下洋旁，还有一座名为"猴王远眺"的山峰，据说，孙悟空取经归来，修成正果。但居住在下游的孙大圣，却常年在此翘首远望西方，回忆着当年西游的情景，思念着师父和师弟们，久而久之，这里便形成了这个景致。

阅读链接

白水洋的民间故事很多，关于它的来历有这样一个说法：

传说，在明朝时，有一个叫程惠泽的人误吞龙珠变成了"龙人"。

后来，程惠泽想为家乡做点事，他施展神威，摆动龙尾，在崇山峻岭中横扫出一方平展展的农田，这方良田使这一带的农民安居乐业。

不料，早已垂涎这方土地的恶霸郭某借口这一带的山地原是他家的，就勾结县官，要霸占这块肥沃良田。

这事恰巧被居住在下游水帘洞中的齐天大圣孙悟空知道了。就在一夜间，孙悟空施展手段，把所有良田和农家都搬到了水帘洞附近的山中，在那里形成了一处新村庄，被当地群众称为"移洋"。

从那时起，这里就剩下一块光洁的河床，这块河床便是白水洋。

以瀑布和山峰为主的鸳鸯溪

　　白水洋风景区内的鸳鸯溪，又名宜洋，位于白水洋的下游，因多鸳鸯，故名。是我国目前唯一的鸳鸯保护区。它以野生动物鸳鸯、猕猴和稀有植物为特色，融溪、瀑、峰、岩、洞等山水景观为一体。鸳

福建白水洋鸳鸯溪

鸳溪长14千米，附近山深林密，谷幽水净，是鸳鸯栖息的好地方。这一带溪流早在100多年前就发现鸳鸯，故屏南有"鸳鸯之乡"之美誉。

这里的人们习惯把瀑布称之为"漈"，喇叭漈是鸳鸯溪最奇巧的一个瀑布，飞流而下的瀑水，跟喇叭的形状一模一样，连水也是从喇叭口流下，水花四溅。

在喇叭漈不远处，便是一处小天池，天池内有仙人洞、小西天、猴王头等景观。其中，仙人洞位于两座山峰的中间，洞内有一眼泉水，终年不断，水质甘甜，是烹茶上品。

在仙人洞对面，有一丛山峰，犹如一尊如来佛高卧巨像，合掌抵颜，锁住溪谷，其上侧有一岩石，酷似观音盘膝于莲花座上。两景单称分别为"如来高卧""观音移莲"。

在雨后初晴的清晨，山间云雾缭绕，远望仿佛是如来和观音腾云驾雾而来，为此，人们称它为"如来观音同驾雾"。同时，因为此情景很像西游记里描写的西天一样，为此，人们又称它为小西天。这是鸳鸯溪四大奇观之一。

鸳鸯溪的瀑布数量多，而且各具特色，百丈漈瀑布风格最为独特多变，丰水时节，百丈漈只有一重气势磅礴的瀑布，一泓直泄。站在瀑布底下的潭边向上望去，只见风卷云舒，气象万千。

在这瀑布后面，还有一处"水帘洞"。传说，这百丈漈与水帘洞

■ 鸳鸯溪瀑布

是当年孙悟空奉观音娘娘之命来保护鸳鸯时，用佛法从花果山移来的。百丈漈与我国黄果树、连云港、雁荡山、武夷山四大水帘洞并列为全国"五大水帘洞"。我国古代诗人曾这样形容百丈漈：

万仞高岩望眼舒，

青苔斑驳上天衢。

欲将百丈长流瀑，

洗尽人间垢与污。

在水帘洞旁边，有座著名的白岩峰。在山峰的岩壁上，有一个"猴王头"：两个圆溜溜的眼睛，一个毛茸茸的猴头。

传说古代有一群猕猴经常到村旁糟蹋庄稼，吓唬小孩。一次，孙悟空见一小孩被猕猴吓病了，就施法术治好了小孩的病，然后在这岩石上刻画一个猴王头，警告它的猴子猴孙们不得超过此线，所以现在猕猴都在猴王头以下的地方活动。

■ 鸳鸯溪百丈漈瀑布

这白岩峰由两座弧形的连体石堡构成，属于火山岩断崖地貌。崖壁由于风化作用，以白色为主的崖壁在阳光照耀下熠熠生辉，炫人眼目，所以又称大白岩。

白岩峰由高低两岩并肩挺立，从河谷中仰望则峰成比翼，所以又叫比翼峰。岩壁上因自然风化作用，形成大大小小、形态各异的洞穴，其中有雄鹰窝、岩燕窝和野蜂窝，所以常见雄鹰、岩燕在其腹部盘旋，更加烘托出白岩峰的雄伟气势。

■ 鸳鸯溪小溪

在大白岩下，有一大峡谷，名为鼎潭仙宴谷，它是鸳鸯溪四大奇观之一，被称为"全立体景观""大环幕风光电影""中国仅有，世界少有"。

峡谷中四潭如巨鼎相连，间有"烟道"相通，俗称鼎潭串珠。潭中碧水沸腾，玉液翻卷，如沸锅一般，水雾弥漫，"噗噗"有声。

谷中岩床光滑，巨石林立，峭壁相夹，月门洞开，高瀑飞泻，险洞高悬，清风习习，气势恢宏，是鸳鸯们最喜欢嬉戏的地方。

此外，谷中还有多处美丽的景观，如佛手岩、侧脸观音、老顽童、弥勒岩、娘娘御座、娘娘浴迹、骆

观音娘娘 又称观世音菩萨、观自在菩萨、光世音菩萨等，字面解释是"观察世间民众声音"的菩萨，是四大菩萨之一。她相貌端庄慈祥，经常手持净瓶杨柳，具有无量的智慧和神通，大慈大悲，普救人间疾苦。当人们遇到灾难时，只要念其名号，便前往救度，所以称观世音。

驼岩、鸳鸯岩、群蛇岩、浮雕群像、美满窝、仙女瀑、中流蛙石、龟压蛇岩、海豚顶球、仙鲸载客、花脸熊猫等。

在鼎潭仙宴谷的东南边，还有花果山、双月宫、神象压城、鹰鼻岩与鹰潭、忘忧亭、仙人桥和仙人叠被等景观。其中，花果山据说是当年孙悟空连同水帘洞移来的，有桃、梨、李、奈等水果，猕猴们经常在这一带活动、觅食。

■ 鸳鸯溪河流

双月宫是由火山岩崖壁的局部岩块沿节理、裂隙整体崩塌、下错形成的拱门，两片石拱如两弯新月高悬，故称"双月宫"。传说这是鸳鸯娘娘的宫殿，有上宫和下宫，宫正中设有鸳鸯娘娘的神龛。宫内左侧有通天洞和通天石阶，进入洞中，抬头仰望，只见蓝天一线，又称"一线天"。

在双月宫旁边是神象压城，传说，古时候这里有一座古城，城中聚匪为害百姓，被一神仙将玉山化为巨象压住古城和歹徒，便有了"神象压城"的说法。

鹰鼻岩与鹰潭，传说当年鸳鸯溪有一只鹰危害鸳鸯，白鹤仙翁放鹤咬断鹰的脖子，鹰头落在崖上，化为鹰鼻岩，其身子落入峡谷的仙人桥下，化为鹰潭。

在此岩的峰顶上，有一座忘忧亭。这座凉亭四面青山，绿树环绕，置身亭中，眼前满目葱翠，耳边松涛阵阵，亭下古桥飞架，溪中碧水幽幽，让游人忘却了世俗和烦恼，所以叫忘忧亭。

在忘忧亭附近，还有一座仙人桥，传说，当年鲁班仙、赤脚仙、赤山翁在鸳鸯溪比试手艺，要各显神通建造一座桥，结果鲁班仙在上游建造了一座一墩两孔的木拱廊桥——刀鞘桥，赤脚仙在下游建造了两墩三孔的木拱廊桥——双龙桥。

赤山翁别出心裁，他用一根芦苇秆挑着石头来这里建一座石拱桥，途中被一村妇看见，她惊讶地说："哎呀！你怎么用芦苇秆挑石头？"

一句话破了赤山翁的仙术，芦苇秆断了，一担石头从山上滚下来，赤山翁气恼地甩手不干了。

鲁班仙为了方便群众，只好用神斧砍了两棵大树，横架在鸳鸯溪上，建成一座简易的木桥，人称"仙人桥"。由于年代久远，原来的木桥已经不在了，现存的石桥建于20世纪80年代。

仙人桥西岸的岩石，由于横向节理的表现，犹如一床床叠放整齐的被子，所以这里被人们称为"仙人叠被"。传说，古时候有一

■ 白水洋鸳鸯湖

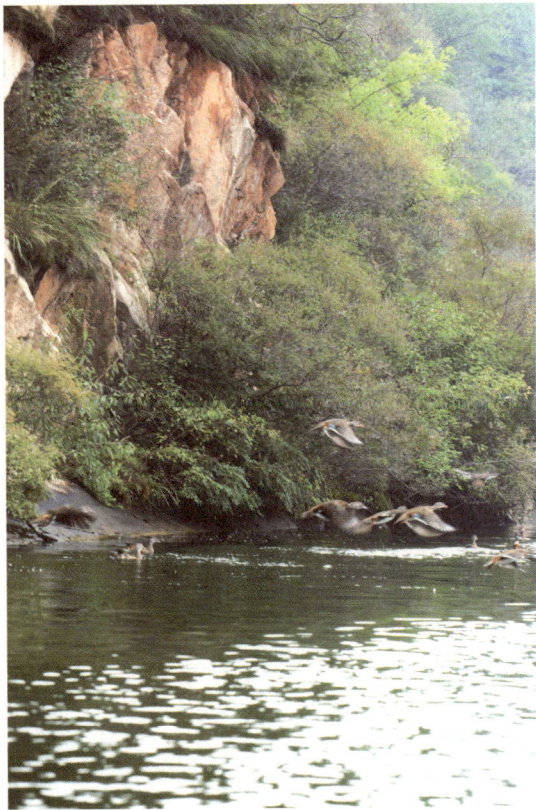

神仙在桥边过夜，恰逢上游山洪暴发，河水猛涨，神仙怕木桥被水冲走，急中生智将被子垫在桥下，把桥垫高，从此留下仙人叠被一景。

在鼎潭仙宴谷的左边是青蝶潎瀑布。青蝶潎瀑布是鸳鸯溪最有名的瀑布之一，整个瀑布略呈斜形，因为流水不是一泻而下，而是沿着斜坡跳跃奔腾而下，可谓飞花溅玉，犹如凌空抖落万斛珠玑，所以又称"珍珠瀑"。

站在河滩上从右侧仰望，瀑布中段突出的岩石像一尊头像，一股水流正巧从其头顶柔顺地流下，像是一个姿态优美的女子正在沐浴。关于青蝶潎，还有一个动人的传说。

古时候有一个叫青蝶的姑娘，发现了一种可以染布的颜料"青"和取青染布的技术。她的哥哥为了多赚钱，垄断了种青和取青的技术，不许她泄密。

善良的姑娘在哥哥劝说未成的情况下，被哥哥打得遍体鳞伤，并关了起来。青蝶设法逃出家门，将技术传给了村里人。

鸳鸯湖中的鸳鸯

因为青蝶曾在瀑布的源头修建了两个滤青的青池，后来，村里人为了纪念青蝶姑娘，就把这个瀑布叫作青蝶漈。青蝶漈的名字一直传到今天。

仓潭位于瓮潭下游与仓潭相接处，"仓潭"水深不可测，两边潭壁笔直如仓板壁，故叫"仓潭"。潭上方的瀑布叫"仓潭雄瀑"，岩石上的"仓潭雄瀑"4个字为书法家朱以撒的手笔。

白水洋水至此奔腾而下，惊涛荡谷，声势浩大，很像黄河的壶口瀑布，因此又称为"小壶口瀑布"。瀑水在阳光的照射下，雾涌虹飘，让人们如临仙境。

瀑布上方的两边，各有一块石头形似巨鳖，所以称为"双鳖护游"。潭边的岩滩上有一行行足迹，据说，这是九扎龙留下的足迹。

瓮潭，潭宽水深，沙滩、卵石滩相间，岸边有望鸳台、猴嬉滩，潭头有小巫峡、水上一线天，潭中有小巧玲珑的玉兔佛首石。瓮潭为

白水洋景观

鸳鸯溪最早开发的景观和观鸳鸯的水潭。

在这瓮潭的下部有一段很狭小的峡谷，名为小巫峡。在小巫峡内，有一著名景观仙女漈。

仙女漈，由好几重瀑布组成，所以叫"三重漈"。由于整个瀑布像一个端坐的仙女，因此又叫"仙女漈"。最高一重是仙女的头，第二重是仙女的身体和手，第三重是仙女的下肢。

瀑布前面的巨石形似一只大绵羊，周边还有小绵羊，所以这个景观又叫"仙女牧羊"。巨石底下只有中间一小部分与河床接触，千百年来任凭溪水的冲击而岿然不动，也是一个奇特的景观。

从鼎潭仙宴谷至大折岩顶，有一座长岭，叫作情岭，中间有石阶1200余级。从大折岩与极目沿缝中沿竖栏而上，设钢梯两架。情岭两侧绿荫如盖，古藤缭绕，风光秀丽。

虎嘴岩又名马贼寨，位于情岭中下部，洞内常有猕猴过夜，可容百许人乘凉。洞内有猴王石、猴攀洞。

洞对面有弥勒峰、佛镇牛魔、佛降八戒、佛伏猴王、游龙瀑，又名飘虹瀑等景，可俯瞰鸳橱潭全貌，是观看鸳鸯戏水的好地方。

鸳鸯瀑，又名大王瀑，位于宜洋村水尾大王庙下。瀑边有百年柳杉与楮木枝结连理，称为鸳鸯树。瀑两道均匀泻下，玲珑秀丽，瀑下小潭清澈可爱，为进鸳鸯溪第一景。

刀鞘潭，位于鸳鸯溪中游古松岭下，潭两侧巨岩如刀削斧劈，长潭从中穿过，形如刀鞘，是鸳鸯常嬉游的深潭。潭头有平岩广滩，可供数百人游乐。

狮坪，位于鼎潭仙宴谷上游，是一个巨大的沙滩巨石河谷。谷中有仙浴潭、印潭、七仙女岩、双狮依偎、双龙抢珠、佛捧猴等景。

阅读链接

相传，古时候在鸳鸯溪北面的山坡上，有一位许真人和一条青龙住在那里。他们一起在山上修炼，想要得道成仙。可是，那条青龙并不专心，十分懒惰，急于求成。

一天，它独自偷偷地溜到天界，去偷喝瑶池的仙水，但是被发现了。玉帝因此大怒，3年不给楚地降雨，使得当地的百姓苦不堪言。为此，许真人大义凛然，替百姓惩治青龙，把青龙锁在山腰的青龙亭上。但由于青龙的苦苦哀求，许真人还是决定放了它。

可是，在放之前，许真人让青龙在一夜间修造100条河流来缓解旱情。但在修造最后一条河流时，青龙发现有一对鸳鸯相拥熟睡在爪下，不愿打扰它们，于是青龙绕过鸳鸯，修了一条"几"字形的河道，也就是现在的鸳鸯溪。

鸳鸯湖及周边的众多景观

白水洋风景区内的鸳鸯湖位于屏南县双溪镇，以湖光、小岛、鸳鸯、野鸭群，以及四季杜鹃花和寺庙、古塔等组成，风光独特，景色宜人，是难得的胜景。

鸳鸯湖，又名甜泉水库，为白水洋五大景区之一，湖面面积330多

■ 白水洋纪念碑

公顷，背景为美女峰，状若美女仰卧湖面沐浴。在鸳鸯湖内，主要风景有文笔峰、卧牛岛、甜泉、满里瀑布、翠屏峰、笔架山、披袈长老石，以及北岩寺和灵岩寺等。

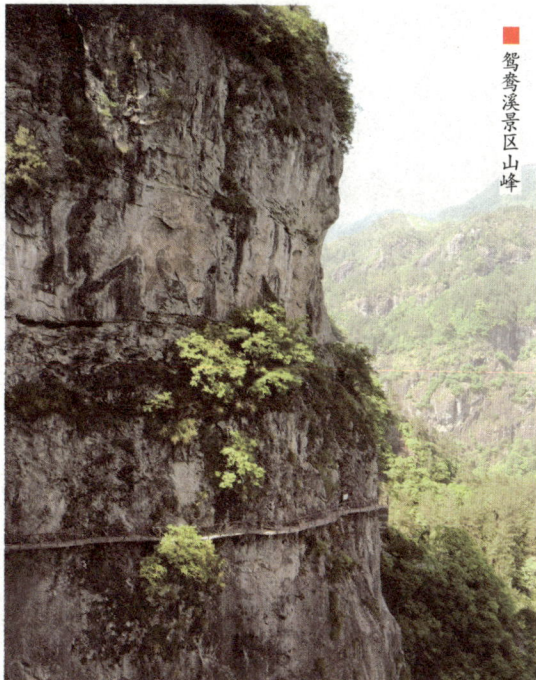

其中，文笔峰又名香炉峰，为鸳鸯湖边最高峰，于峰顶极目望眺，峰下瑞光塔、古战壕、古地堡等古迹及湖光山色一览无余。

瑞光塔1887年建造，外观呈现八角，共有7层楼，整体棱角分明，全以花岗岩堆砌而成。塔顶是葫芦状，可登塔顶观赏鸳鸯湖景区美景。

卧牛岛位于鸳鸯湖中，将湖一分为二，岛面积20公顷，曲折有致，顶上也有悬崖峭壁，环岛观湖，别有情趣。

湖心岛位于鸳鸯湖中心，与卧牛岛相望，岛低而小，近于圆形。甜泉又名惠民泉，传为知县沈钟所掘，泉水大旱不竭，甜泉水库也因而得名。

笔架山位于双溪镇北，山形酷似笔架。翠屏峰位于双溪镇北，峰岩似屏风横排。旧志记载，卜吉于双溪之汇，屏山之南建立县治，故称屏南。

披袈长老石又称罗汉石，位于双溪镇圪头村道安嵩公路边，形似石人，从不同角度可看到按膝坐禅和披袈迎风两种姿态，实则头顶有二石如桃。

白水洋鸳鸯湖

北岩寺又叫下院，位于双溪镇东1000米处。僧觉海始建，后毁。1686年重建，1904年僧地慧续修，金身重塑，初具规模，闻名相邻诸县。寺周围有狮峰、松桥竹阁、藤岩、莲沼、鲸山、龙涧诸胜景。

白水洋鸳鸯湖之所以取名为鸳鸯湖，是因为每年秋冬季节，上千只鸳鸯聚集而来，翩翩飞舞的美丽身影令人难忘。加之优美恬静的湖面风光，湖草覆盖着清澈水质，四周葱郁的山林围绕，让人心旷神怡。

阅读链接

双溪镇境内除拥有白水洋、鸳鸯溪两大世界级品牌景区外，鸳鸯湖、太堡楼、刘公岩、棋盘山、七星岩等景区景观星罗棋布，风光独特，景色秀美，古镇双溪民风淳朴、文化底蕴深厚。

独特的区域优势、优越的自然环境，为双溪镇发展生态旅游业创造了得天独厚的条件。

进入新世纪，双溪镇投资数千万元，相继完成了主街道拓改、仿古装修、古镇门楼和古城墙等工程的建设，农贸小区、旅游宾馆、停车场、白水洋换乘中心等旅游配套项目不断完善。

鸳鸯湖休闲度假区、乾源旅游功能服务区、古镇旅游保护开发区、城南新区旧建等四大片区建设逐步推进，与"大白水洋"旅游交相辉映，一个古色古香、典雅之中透露着现代气息，富有魅力的江南古镇呈现在世人面前。

白水洋内的刘公岩和太堡楼

在白水洋风景区内，除了白水洋、鸳鸯溪和鸳鸯湖等景区，还有刘公岩和太堡楼，它们一起被称为白水洋的五大景区。

刘公岩景区位于屏南县双溪镇境内，位处五大景区中心，与白水

白水洋景区河流

■ 白水洋河流

天赐的美景

栈道 原指沿悬崖峭壁修建的一种道路。又称阁道、复道。我国古代高楼间架空的通道也称栈道。栈道是我国古代在峭岩陡壁上凿孔架桥连阁而成的一种通道，也是兵家攻守的交通要道，工程艰巨，路途险恶，是我国古代交通史上的奇迹。

洋、鸳鸯溪景区相邻，以自然幽谷，清凉世界为特色，景观奇特，生态完好。

景区内主要有：仙峰顶、玉柱峰、情侣峰、三鲤峰、桃源洞、古栈道、刘公岩、考溪、叉溪、水竹洋、石老厝、仙峰顶等著名景观20多个，占地面积6.73平方千米。

景区依托考溪清幽的溪谷环境和水竹洋独特的冬无严寒、夏无酷暑、天然大空调的气候条件，主要以登山、观景、避暑、休养为主。

刘公岩由石堡和峰丛组成，颜色如黛、光无草木、玉柱峰位于景区中心山谷之中，石峰拔地而起，因形如毛笔尖，所以又叫玉笔峰。石峰高达百余米，峰尖绿树丛生，常有云雾缭绕，显得神秘而壮观。

情侣峰两峰并立，远望如一对情侣；三鲤峰由峰丛组成，形如三条巨鲤跃向蓝天；景区内有桃源洞和桃源村，村旁有一条30多米长的古代栈道。

刘公岩内的仙峰顶为白水洋风景区第二高峰，峰上悬崖峭壁，雄伟壮观，黄山松遍布，千姿百态，高山草地平阔柔美，阔叶林带丰茂，形成不同境界的旅游景观，是避暑疗养、登山狩猎的理想场所。

刘公岩位于仙峰顶下，有"小太姥"之称。整座岩体光无草木，如涂乌墨，一年四季常为云雾缭绕，岩间洞四室相连，陡峭难攀，香客甚多。洞顶雄风口令攀登者望而生畏。

考溪位于双溪镇考溪村，考溪其实是一个瀑布群，瀑布周围，若逢大雨，群瀑飞鸣，十分壮观。百丈漈下水潭有罕见的娃娃鱼。

叉溪位于鸳鸯溪下游，它以数千亩原始次生林为主，辅以丰富多彩的河谷景观。主要景观是可与"百丈漈水帘洞"相媲美的"百丈漈"。

白水洋内的太堡楼景区位于鸳鸯溪的下游，区内林立的奇峰、幽深的峡谷、良好的植被构成了该景区的独特风光。主要有太堡楼、玉兔岩、老翁岩、金鸡岩、牛鼻洞、折叠瀑、银杏王。

黄山松 是由黄山独特地貌、气候而形成的松树的一种变体。黄山松一般生长在海拔800米以上的地方，通常是黄山北坡在海拔1500~1700米处，南坡在海拔1000~1600米处。黄山松的种子能够被风送到花岗岩的裂缝中去，以无坚不摧、有缝即入的钻劲，在那里发芽、生根、成长。

■ 白水洋河流

在太堡楼景区内，最为著名的是玉兔岩，离玉兔岩景观不远处，有一块岩石像一只仅露出面部和前爪的老虎盘踞在那里，两只前爪恣意前伸，似随时扑出状，气势凶猛，栩栩如生。

在虎踞岩正前方有一块形似猪心的大石头，活灵活现，生动极了，远看不觉得它大，但是10多人登上其顶部也不觉得拥挤，人们称它为猪心石。

虎踞岩的侧后方有一个社塔，里面供奉着齐天大圣孙悟空，社塔前上方又有一块石头，形似乌龟头，人称藏金龟。

虎踞岩后方山坳里，有一块巨岩，形似一头跪在槽边进食的大猪，人们称之为无心猪或槽边猪。这虎踞岩、猪心石、社塔、藏金龟和无心猪之间所处的位置是那么和谐，像是造物主特意摆在那儿似的，非常独特。

阅读链接

据说，关于太堡楼景区内玉兔岩旁的虎踞岩和猪心石，还有一个古老的传说：

很久以前，郑家山村盛产纯黑色短脚猪，这种猪皮薄肉瘦味道美。

有一只老虎躲在白水洋修炼，它闻讯后垂涎三尺，就前来吃猪，一连吃掉几十头。村民组织了一个捕猎队，要杀死猛虎除虎患。猎队围住猛虎大战七天七夜，伤亡惨重却奈何不了猛虎。

不久，村中的猪被吃得只剩一头大母猪了，如果再被老虎吃掉，这一良种猪就绝种，村民们心急如焚，对猛虎却又无可奈何。

这时，刚好齐天大圣孙悟空要回水帘洞探亲，他路过此地听说了此事以后，便用村民的那头母猪做诱饵，引出老虎。并使用了定身术，将老虎和母猪定在那里。便形成了后来的奇观。

后来，人们为了纪念大圣，就在大圣设计引虎的地方，建个社塔供奉大圣，也好让子孙后代都能记住大圣的恩德。